“十三五”国家重点出版物出版规划项目

“中国工业遗产故事”丛书

丛书主编　刘伯英　周大亚

青岛啤酒厂故事

朱军海　李　沛　著

南京出版传媒集团
南京出版社

图书在版编目（CIP）数据

青岛啤酒厂故事 / 朱军海，李沛著. -- 南京：南京出版社，2022.1
（中国工业遗产故事）
ISBN 978-7-5533-3520-9

Ⅰ. ①青… Ⅱ. ①朱… ②李… Ⅲ. ①啤酒工业－工业企业－企业史－青岛－青少年读物 Ⅳ. ①F426.82-49

中国版本图书馆CIP数据核字（2021）第245055号

从 书 名 中国工业遗产故事
从书主编 刘伯英 周大亚
书　　名 青岛啤酒厂故事
作　　者 朱军海 李 沛
出版发行 南京出版传媒集团
南 京 出 版 社

社址：南京市太平门街53号　　邮编：210016
网址：http://www.njcbs.cn　　电子信箱：njcbs1988@163.com
联系电话：025-83283893、83283864（营销）　025-83112257（编务）

出 版 人 项晓宁
出 品 人 卢海鸣
责任编辑 聂 焘
封面设计 张 淼
版式设计 王 俊
责任印制 杨福彬

制　　版 南京新华丰制版有限公司
印　　刷 江苏扬中印刷有限公司
开　　本 787毫米×1092毫米 1/32
印　　张 5.125
字　　数 87千
版　　次 2022年1月第1版
印　　次 2022年1月第1次印刷
书　　号 ISBN 978-7-5533-3520-9
定　　价 28.00元

总 序

在众多的文化遗产中，“工业遗产”是一个年轻的类型。工业遗产是工业时代形成的遗产，自从18世纪60年代以蒸汽机为代表的第一次工业革命在英国爆发以来，工业文明虽然只有短短的三四百年历史，但在人类文明的发展史上，工业文明所创造的财富和对世界以及人类生活的影响，都远远超过之前几千年的总和。经过多年的开采、生产、运行，有些矿山、工厂、仓库、烟囱、管道、铁路、码头等已经失去了生产功能，但作为纪念物被保留了下来；同时还有些机器、车辆、工具、仪器、图纸、档案、照片、产品、服装等也一起保留下来，成为工业文明的历史见证和记录。

我们衡量文化遗产一般采用“历史、艺术和科学价值”这三大价值作为标准，而工业遗产在具有文化遗产的普遍特征的同时，还具有一些特殊的价值。一般来说，工业遗产具有历史、社会、建筑和科技、审美等多重价值。它与其他文化遗产的区别就是技术价值。工业遗产见证了科学技术对于工业发展所做出的突出贡献，表现在工厂矿山的选址规划、建（构）筑物的施工建设、机械设备的设计安装、生产工具的改进、工艺流程的设计布置和产品的更新等方面。从工业遗产中我们可以清晰地看到技术进步的脉络，其中既有创新、改进，当然也有失败或者弯路，这些都为后人提供了可供借鉴的经验或者教训。由于工业遗产可以直观地反映出人类社会发展的这一重要过程，工业遗产成为我们社会发展不可或缺的物证。

当你走进我国各地的博物馆，看到最多的是什么？是青铜器、陶瓷、丝绸、书画、金银玉器等精美的手工艺品，我国悠久的农业社会文明，为世界贡献了数不清、看不尽的文化瑰宝，使参观者瞬间满怀文化自豪感。从本质上说，这些都是农业时代的遗存，代表的只是我们国家在农业时代创造的文明、对世界文明发展的贡献。可是你却很少能够在我国博物馆中看到数量、规模能与上述这些农业文明时代的文化遗存相当的工业遗产。尽管工业时代是离我们最近的历史时期，工业文明创造了巨大财富，对世界以及人类生活产生了深远影响，但我们似乎忘记了给它在博物馆中留出应有的位置。

工业遗产对生活在当下或者未来的人有什么意义呢？我们说，工业遗产具有纪念、教育、文化或象征的意义。

我国工业化以来，形成了许多新的城市。例如，哈尔滨、长春、郑州、石家庄是火车轮子拉来的城市，上海、大连、青岛、秦皇岛是港口通航形成的城市，唐山、鞍山、玉门、大庆、平顶山、萍乡是矿山开采形成的城市。矿山、工厂、井架、火车头、港口是这些城市的历史符号，是老一辈人抹不去的记忆，很多家庭连续几代都在一家厂矿中工作，这些厂矿是城市的“源”，也是文化的“脉”，更是市民的“根”。

由于中国工业社会时代开始的时间晚于欧美，人们对工业遗产保护的认识需要一个接受的过程。随着城市化步伐的逐步加快，对工业遗产在拆与保、遗弃与利用之间存在着激烈的碰撞。这种碰撞不仅存在于个别地区，而且普遍存在于具有工业遗产资源的众多城市。近年来，我国伴随城市规划布局及产业结构的调整，过去的工业区大多变成了中心区，工业外迁的步伐加快，出现了大量的工业遗产。如何评估这些遗产并将其妥善保护、永续利用，已成为文化遗产保护领域一个极为紧迫的问题。

令人欣慰的是，许多具有远见卓识的地方政府，在大力推进当地经济社会可持续发展的进程中，重视工业遗产的保护，取得了令人称道的成绩。在对工业遗产保护逐渐形成共识的形势下，一批工业遗产得到了积极保护和合理利用。同时，我们也必须注意到，尽管近年来一部分工业遗产开始被列入保护之列，但是受法律保护的工业遗产项目仅占应纳入保护内容中的很小一部分。还有很多城市，特别是一些传统工业城市，还未将工业遗产保护纳入文化遗产保护范畴，还缺乏对工业遗产的总体评价和细致规划。

工业遗产的保护和利用需要公众的关注和参与。工业遗产的主人不仅是政府，每个人都是主人，只有当地居民自觉守护，才能保卫工业遗产的尊严，有尊严的工业遗产才有强盛的生命力。只有把工业遗产保护与城市文化建设，特别是与公众的生活紧密联系在一起，才能为工业遗产的保护与利用找到真正的根基，才能使工业遗产成为公众生活的组成部分，才能使工业遗产成为城市文化的内核与灵魂，也才能使城市成为工业遗产真正的家园。建设一个房地产项目，可以服务一个城市几十年，而保护好一个城市的工业遗产，或许会让一个城市受益上百年，同时也有助于提升市民的文化理念，使人们用辩证思维的方式去看待城市发展中的各种矛盾，平衡、协调、解决好各类问题。

感谢刘伯英教授等研究工业遗产的学者们，多年来为工业遗产的保护和利用开展了大量工作，使工业遗产引起了政府部门的重视。今天，他们又开拓了一片新领域，通过每一项工业遗产的详细说明与阐述，把我们的工业发展历史和其中有趣的人物、故事介绍给普通大众和青少年，引导更多的人，尤其是青少年群体对工业遗产产生兴趣，自觉地保护我们身边的工业遗产，这是一件利在当代、泽被千秋的好事。我非常愿意把这套丛书推荐给大家，特别是我们的青少年读者，为我们 5000 多年的文明史补上这极为精彩的一段，完整地看待一个悠久历史的民族，在艰难困苦中百折不回，从一个纯粹的农业国华丽转身成世界最重要的工业制造大国，树立起我们的民族自信。

单霁翔

（作者系中国文物学会会长、国家文物局原局长、故宫博物院原院长）

序 一

朱军海先生是工业遗产和博物馆行业的新锐，极具国际视野，见证了青岛啤酒厂作为工业遗产的成长过程，在他的带领下，青岛啤酒博物馆高分晋升国家一级博物馆。

提起青岛这座美丽的海滨城市，“青岛啤酒”（本地人简称“青啤”)一定是大多数人在大脑里立刻闪现的词汇，在人们的心目中，很多时候它既是名词，也是动词，甚至是副词或形容词。大家看到，“青岛啤酒老厂”及其所在片区，通过系统性的文化创意，建立了国家级的专业博物馆，融生产性保护、动静结合的展示和可参与的文化体验于一体，打造了一个文化地标。在这里，历史不仅得以延续，更获得了新的生命，工业遗产旅游更带动了一大片老旧城区的业态复苏。诚如故宫博物院前院长、国家文物局原局长单霁翔所说：“青岛啤酒博物馆是中国工业遗产保护和利用的典范”。

能够成为叫好又叫座的网红打卡地，必然有不一般的成长故事。本书收集整理了15个具有代表性的故事，构成了相对独立的15个章节，汇成《青岛啤酒厂故事》一书。阅读本书，就像在现场聆听讲述，也如同跟随作者在展厅游览。

让文物“活”起来，讲好中国故事，是当代中国博物馆的根本使命。

看似一个个小故事、小事件的背后，其实也可以看到历史大时代的背景或缩影。从新博物馆学的角度看，在结构与能动性以及主体间性的学术视角之下，叙事博物馆学的逻辑和方法在本书中得到了较好的呈现。

是为序。

潘守永

（作者系上海大学图书馆馆长、伟长学者、教授、博士生导师）

序 二

2020年春天，我们接到南京出版社的邀约，从工业遗产保护与利用的视角编写“中国工业遗产故事”丛书之《青岛啤酒厂故事》。回眸青岛啤酒的百年历史，不难发现，青岛啤酒的诞生与发展和青岛城市的发展紧密相连，与中国啤酒工业的兴盛息息相关。

110多年来，青岛啤酒的生产从未间断，原啤酒厂遗留下来的建筑、车间、设备完美地保存了下来，这是中国唯一的、保存完整的近代酒厂原址……从生产设备到厂房建筑，都蕴含了数不尽的动人故事，这也为中国工业遗产保护留下了一笔珍贵的财富。

青岛啤酒保护的不仅是一段品牌记忆，更是中国工业文明的发展传承。青岛啤酒博物馆被列为全国重点文物保护单位、国家一级博物馆，百年电机、糖化锅、发酵桶等21件馆藏文物已被评为国家级文物。青岛啤酒厂早期建筑的一砖一瓦、一窗一棂都按照国家重点文物保护的标准精心修缮与维护。更为难得的是，青岛啤酒博物馆在保护的基础上，做到了让文物“活”起来；独家研发的五百多种啤酒创意文化衍生品频频出圈，定义博物馆新体验。通过展陈互动创新、服务模式创新、产品形态创新、业态规划创新，打造出一座兼具历史和现代、文化和时尚的新型博物馆。

近现代以来，在东西方文化碰撞交融的大背景下，青岛的城市化与工业化进程是同步的，所以工业遗产也承载了更多的城市个性色彩。青岛啤酒与城市同名、更与城市同行，其见证了青岛的历史，开阔了中国早期工业遗产保护与传承的视野。鉴于青岛啤酒的历史与发展，希望此书的出版能让我们民族工业的文化精神内涵与价值得到更广泛的认识与传播。

于嘉平

（青岛啤酒股份有限公司）

目录

一 历史的选择——青岛第一座啤酒厂的诞生

个体命运的浮沉是家国与时代的缩影，青岛啤酒的故事自然要从青岛这座城市的历史说起。青岛啤酒的诞生与发展，与青岛百年来城市的发展紧密相连，与中国啤酒工业的兴盛息息相关。

缘起德国，东西方文化交融

20 世纪初，位于胶州湾畔的青岛正在德国人的统治之下，东西方文化在碰撞与冲突中交汇融合，成为青岛这座城市特殊的文化底色，流淌在城市生活的方方面面。即使在今天，这个美丽的海滨城市还依稀留存着中欧风情。俯瞰青岛，你会发现老城区整体的颜色是红色，绿树掩映中，会突然闪现一方红色的瓦片、一面红色的清水墙、一扇镶嵌着红色玻璃的门窗。这大大小小的红色建筑、高高的哥特式教堂塔尖和窄窄的石板路，一起塑造了青岛人对于城市文化的初始审美。

1891 年，清政府在胶州湾设防，青岛建置。1897 年 11 月，德国强占胶州湾。1898 年 3 月 6 日，清政府被迫与德国政府签订了中德《胶澳租界条约》，包括青岛地区在内的山东半岛成为德国人的势力范围。德国人在条约签订之后对青岛进行了大规模带有殖民色彩的建设和投资。1898 年 9 月，德国人开放青岛为自由港。德国殖民当局于 1900 年制定出最初的青岛城市规划，力图把青岛建成德国在远东地区的军事基地、商贸港口、殖民行政及经济中心。于是，德国人按照欧洲市镇的建造模式，开始在中国山东崂山脚下建设具有典型西方建筑文化理念的城市。

在城市建置以后的二十余年里，青岛迅速成为近代中国的一大焦点，联结着中国与世界的敏感神经。那些在青岛发生的事件，在当时的社会背景下所呈现的复杂性是极为罕见的，而在其后的历史进程中，青岛的命运裹挟在历史的洪流中奋力前行，就此构成一个典型的历史标本。

当你走进青岛的大街小巷，仍能看到、感受到许多带有早期殖民色彩的人文及自然景观。例如，殖民者所建设的天主教堂、基督教堂；朝城路上的济南铁路青岛办事处是第一所中外合办大学德华大学（中德合资）的旧址所在地（后因日德战争爆发，德华大学将土木工程专业带入了当时的上海同济大学）；今天的中国海洋大学鱼山校区，曾为德占时期的俾斯麦军营所在地……德国人在殖民青岛期间精心设计建造的许多基础设施，虽然时至今日仍在城市里发挥着作用，却也同样不断提醒着我们，铭记那段给国人带来剧烈阵痛和创伤的历史。

德国人将啤酒带入青岛，遂长久传承下来，以一种工业产品标举东西方文化融合之意，实属罕见。百年时光是

◎小贴士

《胶澳租界条约》：又称《德租胶澳专条》，是德国强迫清政府订立的关于租借胶州湾的不平等条约。光绪二十四年二月十四日（1898 年 3 月 6 日）总理衙门大臣李鸿章、翁同龢与德国驻华公使海靖（Edmund von Heyking，1850—1915）在北京签订该条约。条约共三端十款，主要内容如下：（1）胶州湾租与德国，租期九十九年；如德国在租期未满时自愿将其归还中国，德国在胶州湾支出的全部费用，中国应予以赔偿，并另将合适的土地让与德国；德军在胶州湾沿岸一百华里内自由通行。（2）允许德国在山东修建铁路两条：一条由胶州湾经潍县、青州、博山、淄川、邹平等地达济南及山东边界；另一条由胶州湾经沂州（今临沂）、莱芜达济南。铁路沿线三十华里以内的矿产德国有权开采。（3）在山东举办任何事业，需外人、外资、外国器材时，德国享有优先承办权。

青岛市早期城市规划图

部有主题的变奏曲，隐含着跨文化脉络，浮现出多重主题的相互交错之状，既入啤酒之内，亦出啤酒之外，触及一些深层次的文化现象，在自我见证之外，对“中国与世界”这项宏大的文化史主题亦有所见证。

历史为何选择了青岛啤酒?

回望百年，不难看出，青岛啤酒的诞生和发展背后必然遵循着当时的社会背景和文化架构。让我们把时针拨回到 19 世纪末 20 世纪初，那时青岛啤酒厂所在地尚处于原生状态，默默孕育着近现代工业文明的一朵奇葩。

青岛啤酒厂的建立，或许源于青岛啤酒文化的一个桥头堡。1899年设立的德国海军毛奇兵营就坐落在毛奇山（今贮水山）的东南麓，为了满足德国士兵饮酒的需要，曾在此处开设了一座供应啤酒的酒吧。在青岛啤酒厂诞生前，荒野之中，除了毛奇兵营和一处专为德国士兵服务的酒吧外，几乎见不到别的建筑物。后来，兵营、酒吧与啤酒厂设于同一条街，即当时欧洲区域以外唯一以德国人名字命名的街道——米勒上尉路（Hauptmann-Müller-Straße，今登州路）。米勒何许人也？他是一名海军工程师，曾设计了位于青岛太平山脚下的伊尔梯斯兵营，啤酒厂所在街道

建厂初期青岛啤酒厂外貌

以此人的名字命名，很可能是因为他与道路东端的毛奇兵营有着密切关系，但啤酒厂建筑与此人无关，尽管他是最早品尝过这里所产啤酒的人物之一。

查阅 1903 年 4 月 4 日的德国《酿造者及啤酒花》，有这样一条消息：“据青岛（中国）《德亚瞭望》报道：青岛的啤酒消费者将听到，我们的殖民地又有了一个新的进展——我们将史无前例地在青岛酿制优质啤酒。”也就是说，110 多年前，德国人期望在中国的土地上生产出不

◎小贴士

德国海军毛奇兵营：最早的毛奇兵营营房建于 1899 年，最初的营房仅为一些简易的活动平房和军用帐篷。后来，德国总督府开始着手为安置由高密撤来的德海军第三营骑兵连而修建营房。完整的毛奇兵营由两座营房、一座礼堂、东西马厩，以及若干辅助性功能房所组成。“凹”字形的营房面北平行排列，兵营的北面是占地广大的练兵场，用于骑兵连日常的操练。骑兵小分队每天从这里出发，骑马去青岛周边地区巡逻，这些营房曾被台东镇的中国百姓形象地俗称为“马房子”。毛奇兵营在日德战争中发挥了重要作用。该兵营地处台东镇西部，距离德军的前沿较近，战时支援非常方便，因此在日德战争中，这里的德军兵员最多，许多炮兵炮弹打尽便拿起步兵武器来到毛奇兵营继续战斗。毛奇兵营因其特殊的位置而在历史上留下了特殊的印迹。

亚于德国本土的优质啤酒，在当时出版的德国报纸上，德国人这样诚实地写道："因为那里有好的泉水"。

啤酒本身就是西方文明的一个标志物。世界上大部分重要的啤酒科研成果都出自德国，德国的啤酒生产技术和啤酒设备制造也一直处于世界领先地位。德国先进的啤酒酿造工艺与青岛本地优质的山矿泉水，加之德国酿酒师的智慧和中国工人的素质，东西方两种文化理念，以一种相对理想的方式实现了有效结合。啤酒和枪炮、音乐、基督教一起来到青岛。在家国命运的震荡中，经历着历史的阵痛，青岛开始了近代化、工业化与城市化的复合进程。这便是历史选择了青岛啤酒的原因。

德国商人兰德曼（Landmann）曾被认为是青岛啤酒厂的创始人之一，也是首先将啤酒引入青岛的人。1901 年，他与酿造师凯尔（Kell）合作，首先在青岛天津路开办了一家小型啤酒坊，但两年后就倒闭了。不过这段失败的经历却让后来者嗅到了成功的气味，在德国商人海因里希·色沃特（Heinrich Seifart）等人的心中，开始酝酿兴建啤酒厂的计划。

1903 年是一个路标，更是一个转折点。漂洋过海而来的德国殖民者，在遥远的东方感到时光寂寥、水土不服，而不断反抗的中国人民又让他们深感畏惧、度日如年，"何以解忧，唯有杜康"。想要在中国扎根并大赚一笔的德国商人率先抓住了商机，于是顺势联合英国商人在青岛兴建啤酒厂。青岛啤酒就在这样的历史背景下诞生了，萌芽于德意志文化，生长、发扬于东方大地的青岛啤酒，可以说是东西方文化碰撞与交融的产物。

青岛啤酒的创立

德国商人花了半年时间来筹划，到 1903 年 8 月 15 日，他们联手英商在香港注册了“英德酿业公司”（Anglo-German Brewery Company），并设立子公司——“日耳曼尼亚啤酒公司青岛股份公司”（Germania Brauerei Akt.-Ges. Tsingtau.），随即发布了招股说明书，着手建厂。

根据当时媒体报道的记载，德国商人和英国商人最终共出资 40 万墨西哥银圆在青岛毛奇兵营旁（现登州路 56 号）建厂，准备生产淡色啤酒和黑啤酒。这是德国在中国兴建的第一家啤酒厂，也就是现今青岛啤酒厂的前身。

经过一年多的建设，1904 年 10 月，日耳曼尼亚啤酒公司青岛股份公司发布开张广告。从此，日耳曼尼亚啤酒公司青岛股份公司大幕开启，在青岛啤酒的百年进程中打下了第一支路标，在中国近代啤酒业的历史上同样具有标志性意义。

关于厂名，当时一般简称为德国啤酒厂或日耳曼尼

日耳曼尼亚啤酒厂（青岛啤酒厂）的设计图纸（1903 年）

由青岛寄往德国的一张明信片，时间大约在 1910 年（明信片中的照片内容为日耳曼尼亚啤酒厂）

亚啤酒厂（Germania Brauerei）。日耳曼尼亚啤酒公司青岛股份公司的董事会主要由当时旅居青沪两地的德国和英国商人组成，据德国学者帕沃·霍利（Paavo Holi）撰文介绍，建厂董事起码包括以下几人：约翰·普伦蒂斯（John Prentis）、克莱润斯·沃德·热特森（Clarence Ward Wrightson）、马克斯·斯莱沃格特（Max Slevogt）。1906 年，在青岛哈利洋行任职的 H. C. 奥古斯特森（H. C. Augustesen）加盟董事会，成为负责人之一。董事会聘请了德国商人海因里希·色沃特担任公司的第一任经理。他们参照当时欧洲一些老牌啤酒厂的状况，将该厂的年生产能力设计为 2000 吨，啤酒厂由来自德国的 F.H. 施密特（F.H.Schmidt）公司承建，采用德国克姆尼茨市日耳曼机械厂（Maschinenfabrik Germania in Chemnitz，西门子的前身）1893 年设计制造的全套生产设备，木制的酒桶、容量为 7 吨的后酵罐及无毒沥青等都是直接从德国运来的。

据后来德文版《青岛及其近郊导游》一书介绍：“使啤酒爱好者十分高兴的是，1904 年底德国酿造厂（日耳曼尼亚啤酒公司青岛股份公司）开张以后，所生产的青岛啤酒是十分优良的。”

当时青岛啤酒厂的员工们虽然在殖民统治下对于德国“舶来”的技术并不服气，但还是认真踏实地学习和执行啤酒生产的每一道工序，对啤酒生产的每一个环节都仔细推敲，对每一项新技术和每一种新设备的采用都慎之又慎，以坚持传统为自豪。德国慕尼黑人以坚持运用传统工艺酿造优质啤酒而闻名于世，青岛啤酒承袭了慕尼黑的传统工艺、技术乃至风味，时至今日，依然留存。

令大家没想到的是，青岛啤酒在建厂初期，第一批产品面世后迅速产生了影响，在很短时间内传名海内外。这与当时众多经销商和代理商的努力是分不开的，第一步往往举足轻重，贸易的开拓尤其如此。在已知的经销商中，尤以青岛的西雅塔斯—普蓝拜克公司（Sietas Plambeck & Co. Tsingtau，即哈利洋行）和上海的斯莱沃格特公司（Slevogt & Co. Schanghai）最为著名，这两家公司是以创始者的身份进行市场推广的，其负责人很可能加入了啤酒公司的董事会。这些经销商的一个共同特点就是有着丰富的国际贸易经验和相对完善的销售网络，他们协力拓展青岛啤酒的国内和国际市场空间。当时社会各大媒体竞相报道青岛啤酒，他们没想到这种名为“Tsingtao Beer”的产品竟如此让人惊喜！

不过，这些报刊所写的消费者和啤酒爱好者，并非中国的普通百姓，其主要指德国占领军和侨民。因为在那个时代鲜少有中国人知道“啤酒”为何物。即使在多年后，普通人开始尝试饮用，还是有很多人难以习惯它的味道。

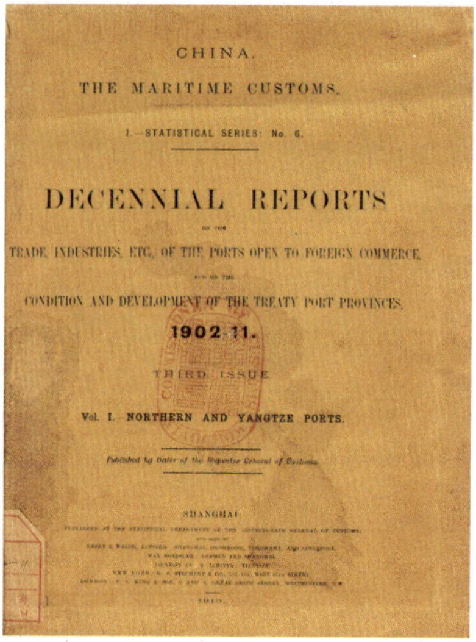
CHINA.

THE MARITIME CUSTOMS.

I.—STATISTICAL SERIES: No. 6.

DECENNIAL REPORTS

ON THE

TRADE, INDUSTRIES, ETC., OF THE PORTS OPEN TO FOREIGN COMMERCE,

AND ON THE

CONDITION AND DEVELOPMENT OF THE TREATY PORT PROVINCES.

1902-11.

THIRD ISSUE.

Vol. I.—NORTHERN AND YANGTZE PORTS.

Published by Order of the Inspector General of Customs.

SHANGHAI:

记载了日耳曼尼亚啤酒公司青岛股份公司海外贸易情况的《十年海关贸易》(1902-1911年)

青岛啤酒一投放市场，就显示出优良的品质，其淡色啤酒和黑啤酒都很受欢迎，英德合资的日耳曼尼亚啤酒公司青岛股份公司很快就在上海、天津、大连、烟台设立了销售代理。1906年，日耳曼尼亚啤酒公司青岛股份公司生产的青岛啤酒参加了慕尼黑国际啤酒博览会，一举获得金奖，这是青岛啤酒历史上获得的第一项国际金奖。开业两年就夺得金奖，说明了青岛啤酒的高质量、高起点。

对于国家工业发展历程而言，青岛啤酒厂的创立无疑是不期而至而又恰逢其时的历史性时刻。这一多少有些奇幻味道的历史际遇以及由此而引发的岁月联想，将长久回荡在青岛啤酒的记忆之中，留下微妙而深远的影响。从此开始，作为工业遗产代表品牌的青岛啤酒名扬海内外，在消费者心目中树立了很高的品牌信誉度和美誉度，惠及青岛这座城市和中国这个国家，在世界工业史上亦是一个绝无仅有的奇迹，开启了世界认识青岛和认识中国的一扇亮丽窗口。

1903 年是青岛啤酒独具特色的历史进程的起点，更是城市工业化进程向前跨越的起点，属于青岛啤酒的故事也就此拉开了序幕……

二 青岛啤酒厂早期建筑——20世纪初中国工业遗产典型代表

随着城市的发展，时代的记忆逐渐被唤醒，建筑也在用自己的方式体验着时光变与不变的复合韵味。

“青岛啤酒厂早期建筑”由德国克姆尼茨市日耳曼机械厂设计，汉堡阿尔托纳区F.H.施密特公司施工，为办公和生产所用。该套建筑属于德国青年派风格，采用普通的坡屋顶形式，外部以清水砖墙面为主，主楼墙上一侧有“1903”字样。门窗的顶部被设计成小拱券，墙面上利用红砖线条的凹凸排列寻求变化。建筑设计偏重功能性，立面追求统一和谐。青岛解放后，该建筑群一直由青岛啤酒厂使用，2003年辟为“青岛啤酒博物馆”对外开放。

19世纪末20世纪初，新艺术运动在欧洲和美国发生并发展起来，这项运动在德国以“青年风格”（“青年派风格”）著称，而“青年风格”一词源于《青年》杂志，

青岛啤酒厂早期建筑

该杂志曾以介绍新艺术风格作品著称于世，对德国新艺术风格的形成起了重要作用。德国的青年派艺术创作风格影响了当时德国整体建筑风格，以工业厂房、艺术厂房最具代表性，其中，德国电器集团的厂房建筑、德国早期文艺建筑以及德国早期啤酒厂建筑等，深受青年派风格影响。

在设计青岛啤酒厂厂房的时候，投资者坚定地采用了青年派风格的艺术手法，把巴洛克风格和哥特式风格交融在一起。建筑以红砖砌成，顶覆红瓦。值得一提的是，早期德国建筑师在青岛建造的建筑多以红黄双色调为主，将德国传统建筑艺术与中国文化相融合，最大限度地发挥了协调的价值，便有了“红瓦黄墙”的融合式图景。红屋顶渲染着古典建筑某种亘古不变的韵律，而黄色调则取中国古代的帝王黄。至此，“红瓦、黄墙、绿树、碧海、蓝天”构成了青岛风貌的五色美学，作为一种深契地域精神的传统延续下来，使得城市风貌看上去绚丽多姿。

醒目的色调、统一的风格，让人立即就能辨识出青岛啤酒厂建筑所属的德式风情。然而，与20世纪初在青岛出现的多数德式建筑相比，这组啤酒厂建筑还有其特殊的渊源，在同样的红屋顶下藏着不一样的文化底蕴。

说到这里，就不得不提到欧洲传统的啤酒坊。欧洲自中世纪开始，凡是啤酒坊多入清水红墙一脉，这几乎成为约定俗成的一种范式。对于这一点，建筑师和业主们一定是了然于心的，青岛的厂房建筑自然也借助传统，融入了这一点。将欧洲啤酒坊的寻常外貌移来，塑造了视觉上的协调感，进而寻求与欧洲啤酒文化本源上的心理共识。而欧洲青年派风格也与啤酒传统风格暗合，浪漫、典雅，独具特色。正是基于这一文化渊源，内行人一看便知这里是生产啤酒的厂房，与中世纪以来欧洲许多啤酒坊一脉相承，以至于现在看来，走进青岛啤酒早期建筑，恍惚间以为置身于欧洲某座古老的城镇之中。

青年派风格特别注重与自然的协调，向自然借取灵感，化用自然图形，旨在突破古典主义的某些陈旧样式，实现艺术风格的创新。我们看到，“青岛啤酒厂早期建筑”也吸纳了一些新艺术元素，比如铁艺围栏、铁质楼梯和蝶形铁花的使用均加入时尚元素，而取法自然的几何图形作为装饰，增加了墙面和门窗的生趣。同时，那些彩色玻璃也隐约闪现一丝巴洛克韵致，在阳光反射下，金光闪烁、绚丽生辉，成为百年建筑的一道独特的风景。这里的细节是生动的，建筑即音乐。建筑师发现了青年派风格与啤酒传统风尚的暗合之处，即两者都提倡自然美感。新艺术精神渗透于建筑的整体格调，强化了建筑的传统底蕴并生发出一股年轻朝气。于是，朴素无华的建筑也就显得意味深长，弥漫着一抹简约与内敛的浪漫气息。

1903 年，英德酿业公司在刚刚注册后不久，董事会就委托德国萨克森州克姆尼茨市的日耳曼机械厂开始制订青岛啤酒厂的相关规划，当年年底完成了厂房及配套设施的设计，交由汉堡市阿尔托纳区 F.H. 施密特公司负责建厂工程。

第一批建筑是在 1904 年秋天竣工并投入使用的，透过老照片可以看出当时的概况：画面左侧的两栋二层小楼是办公楼，右侧一栋体量较大的楼是糖化大楼。办公楼和糖化大楼之间，还有一座单层门房和一根高约 20 米的烟囱，糖化大楼的东侧还有一座白色小楼，是啤酒生产中发酵和过滤两道工序的所在地。此外，糖化楼北侧还建有一座单层的储酒库（因拍摄时拍摄者位于南侧，北侧储酒库被糖

建厂初期青岛啤酒厂外貌

化大楼挡住，未能拍到）。这些建筑比较完整地勾画出了青岛啤酒厂初创时期的历史图景，开办啤酒厂所需要的主要设施一应俱全。后来，不迟于1907年，又在办公楼往北加建了一座小楼，专门作为厂长宿舍。1936年还修建了制麦大楼和一座俱乐部，新中国成立后，为了适应新的发展需求，啤酒厂进行了几次大规模的扩建，陆续兴建了一批现代化厂房和办公楼。

青岛啤酒厂的糖化大楼，不仅端庄厚重，而且采光好，通风好，没有德国古堡式建筑的阴暗感，正是一座酿造王国的宫殿。

糖化大楼为三层砖混结构建筑。后来，大楼局部有所改建和加建，但整体风格未有实质性变化。西山墙构图精美，山花圆熟，线脚流畅；小圆窗、四联圆券小窗、圆券窗等自上而下有序过渡，比例协调，细节得当。门窗不大但疏密关系掌握得很好，恰当满足了采光与通风的需要，而发酵间和过滤间则设计为不留窗户的半密闭空间，满足了啤酒酿造特殊工艺的要求。大楼内部空间开合有度，明暗关系处理得恰到好处，曲折回旋之间，目光沉浸在百年酿造的氛围里，令人感到一切尚未失去原貌，近代工业遗产所特有的历史信息留存了下来，充满原真魅力，给人一种跨越时空的现场感。

现在，糖化大楼的平面设计图纸放置于青岛啤酒博物馆百年起点展厅进行展示，这是青岛啤酒博物馆的第一件国家一级保护文物。青岛啤酒博物馆利用电脑三维复原技术，可以更清楚、更直观地了解这栋百年以上老建筑的建造过程及内部构造，展示青岛啤酒百年建筑的起源，极具体验感和沉浸感。

以中国近现代工业遗产特别是啤酒工业遗产为背景，“青岛啤酒厂早期建筑”呈现了其基本价值。1903 年青岛啤酒创立后，绵延百余年，其集结文化与创造历史之功，允称卓越，可以说，“青岛啤酒厂早期建筑”为中国百年啤酒文化提供了一个显赫的历史坐标。

建厂初期厂房图纸

时光流转，百年历史在时代的长河里熠熠发光。在青岛这座素以建筑闻名的城市中，这组啤酒厂建筑绝不是最显赫的，但却是与城市生活联系最紧密的，是这座城市所特有的啤酒文化的标志。正如《关于工业遗产的下塔吉尔宪章》所写：“凡为工业活动所造建筑与结构，此类建筑与结构中所含工艺和工具，以及这类建筑与结构所处城镇与景观，以及其所有其他物质和非物质表现，均具备至关重要的意义。”工业遗产不仅是工业文明的重要遗存，更从侧面反映出工业发展下时代的文化、艺术、科技和社会生活的变化和发展。

“青岛啤酒厂早期建筑”作为国家重点文物保护单位，

是青岛工业遗产研究史上不可磨灭的文化印记，也是中国啤酒史上不可磨灭的标志。这类工业文明早期建筑完善了全国重点文物保护单位体系结构，在中华文明中的标志性地位更是不言而喻。

作为城市的印记，“青岛啤酒厂早期建筑”与近代城市共生，与城市文明同行，见证了青岛这座城市的沧桑巨变，也让后人打开了青岛早期工业遗产保护与传承的全新视野。

三 传奇酵母——德国皇室酵母如何传入中国？

您一定想不到，让世界啤酒巨人视若明珠的珍宝竟然是一种小小的酵母菌。

伴随着工业革命，啤酒酿造出现了重大转机，瓦特蒸汽机和林德制冷机的发明使啤酒酿造业突破了中世纪的小作坊模式，工业化大生产成为现实，加之铁路、海运、航空运输的拓展，使啤酒具备了短时间内运往世界各地的条件。

19 世纪末，正是风雨如磐、哀鸿遍野的年代，帝国主义列强企图瓜分中国，清王朝摇摇欲坠。那时，德国强占胶澳地区，并宣布青岛为自由港，向世界各国开放。此后的几年间，青岛小港、大港先后建成，胶济铁路亦全线通车，遂聚合起一条工业遗产走廊，伴随着“一港一路”的开辟，青岛开启了工业化进程。

1903 年，德国商人趁势在青岛建立日耳曼尼亚啤酒公司青岛股份公司，青岛啤酒的德国酿酒设备、德国麦芽和啤酒花通过“一港一路”远涉重洋，顺利运至当时青岛的啤酒厂，随之而来的还有酿造啤酒的“皇家原料”——鲜为人知的德国皇室酵母。

酵母是啤酒的灵魂，这种微生物依靠麦芽中的糖分而生长，诱使新陈代谢，是啤酒发酵的主要动因，对啤酒的口味有至关重要的影响。它孕育了啤酒中的两种主要成分——酒精和二氧化碳，并诱发了啤酒至为微妙的香息。

◎小贴士

自由港：指不受海关管辖的港口或港区。在该区域内，外国商品可以自由加工、分装、改装、装卸、储存、展览、再出口等，不受海关管制，免征关税。但当商品进入所在国海关管辖区时，则须缴纳关税。自由港或是有明确边界的港口的一部分，或是整个港口，或包括港口所在的城市。一些国家或地区设置自由港主要是为了吸引外资，发展加工工业和仓储业，促进对外贸易和转口贸易的发展，创造就业机会，繁荣地区经济。自由港一般位于沿海，也可能位于内陆地区，绝大部分凭借其优越的地理位置、良好的港口和先进的运输、装卸设备，以豁免货物进出口关税的优惠，以及开展货物储存、分级挑选、改装等业务的便利，吸引外国货船、扩大转口贸易，发挥商品集散中心的作用，并达到赚取外汇收入的目的。

某种程度上来说，啤酒酿造的过程就是活酵母代谢的生命过程，或者说是酵母作用下粮食作物发酵的过程。

早期的德国管理者严格按照《德意志啤酒酿造法》酿造青岛啤酒——用上好的麦芽和著名的巴伐利亚啤酒花，配合纯正的酵母，不添加任何辅料。酵母的筛选、保藏、培养工作一直是由德国人严格把持的。1904 年日耳曼尼亚啤酒厂的开张广告，也就是青岛啤酒最早的广告中写道：“按最新经验，用最现代设备，用最精美的德国啤酒花和麦芽，按《德意志啤酒酿造法》酿制，无任何添加剂”。当年那些德国人一定不会想到，这些小小的酵母会在中国

◎小贴士

酵母的神奇奥秘：神秘的酵母被称作啤酒的“灵魂”，它对啤酒的品质、口味都起着至关重要的作用。啤酒酿造技艺中隐含着这样一个秘密：在口味多样化的同时，必须有一种方法能够平衡各种口味，使其获得内在的相对统一性。多种多样的啤酒各具特色，呈现出各种精彩纷呈的口味，而每一个品牌下的所有啤酒又保持着味道上的某种家族一致性。换言之，有这样一种道行：一入口即知其为哪个牌子的啤酒，说得玄一点，在高手那里，无须入口即知宗脉，于是就有了闻香辨酒之术和察色辨酒之术。不同品牌的啤酒之所以能通过上述方法识别出来，固然有麦芽和啤酒花的原因，但更多是不同品牌使用不同酵母所致。

传承一个多世纪，为中国乃至世界的啤酒行业撰写出一首又一首传奇的诗篇。

1916 年对于青岛啤酒酵母来说是一个重大的转折点。此后的一段时期，几代管理者基本上沿用了德国经营时期青岛啤酒厂的一些做法，经过多年的付出，使酵母更加稳定，很好地延续了德国的风味。虽然历史记录显示，他们也曾对厂房和工艺进行了一些改造，但在酵母的使用上，从来没有德国纯正酵母曾被替代过的相关记录。与其他啤酒酿造岗位不同的是，直到 20 世纪末，酵母筛选、保藏、扩大培养的操作方法一直沿用师傅传徒弟的形式传承，没有公开的标准操作方法。

早期酵母回收桶

20世纪40年代中期，历经坎坷的青岛啤酒酵母被国民政府接管。当时的管理者为了提高青岛啤酒的品质，特地邀请了当时国内一些优秀的技术人员加入，进行技术上的专项攻关，经过一番努力，酵母性能得到有效的保留并有所提升。

后来，在国民党军队撤离的过程中，有一段不为人知的历史——青岛啤酒酵母差点被人为破坏而毁于一旦。据曾任青岛啤酒总工程师、闻名海内外的中国酿酒大师、啤酒行业有突出贡献的技术专家吴赓永回忆，当年驻扎在青岛的国民党军队撤退的时候，曾多次派人来到青岛啤酒厂试图破坏厂房建筑和工艺设备，据说还在青岛啤酒厂的主要建筑旁和围墙下埋了炸药。出于对青岛啤酒的责任感，更为给中国啤酒行业留下一些酵母供后世传承，青岛啤酒厂的员工自发组织起来，用勇敢和正义保护了青岛啤酒百年酵母。在众多充满正义感的青啤人的努力下，酵母最终安然无恙。但国民党军队心有不甘，逃跑时还是抢走了一大卡车青岛啤酒。

风雨之后，乌云散尽，随着新中国的诞生，青岛啤酒酵母终于迎来了新的光明之旅，青啤人终于拿回了百年酵母的“抚养权”。酵母是有生命的，虽然它的繁殖只是简单的复制，但在长期的使用过程中，也会出现退化和变异。视酵母为生命的青岛啤酒管理人员始终把保存正宗德国酵母作为使命，不仅在保存程序上异常严格，而且对保存环境的要求极为苛刻。青岛啤酒每年都对百年酵母种群进行筛选与样品保藏，并逐步完善酵母菌种库。由于早期没有先进的酵母菌鉴定方法，为了更好地保障和提升酵母的纯正性和酿酒特性，有前瞻眼光的青啤人在20世纪50年代，曾委托拥有国际技术水平的专业机构对酵母进行保存，并不惜重金建立了功能齐备的酵母菌种库和科研中心，每年与生产现场的青岛啤酒酵母做比较，以降低酵母退化和变异的概率。随着科学技术的不断进步，液氮保藏、-80℃保藏、石蜡斜面保藏等都成了青岛啤酒保藏百年酵母的方式。

说到这里，就不得不提关于青岛啤酒酵母保存的神秘故事，这可是青岛啤酒的“特殊机密”！青岛啤酒管理人员为最大限度降低各种风险，启动了异乎寻常的保存手段——将百年酵母同时、异地存放于两个超低温冰箱。

“我到青岛啤酒厂已经30多年了，也只知道其中的一个冰箱在青啤科研中心而已。”一位青岛啤酒的资深技术工程师讲起两处保存地时，遗憾地摇摇头。另一个地点在更多的青啤人心中依然充满神秘，只有三个关键人物知道，这就是青岛啤酒著名的“三把钥匙”的故事。据说，只有当来自集团董事长、技术中心主任和另一个神秘人物的三把钥匙聚齐时，青岛啤酒的百年酵母才能揭开其朦胧的面纱，一展芳容。当然，这样的机会少之又少。第三个持有钥匙的神秘人物到底来自何方，连钥匙持有者之一的技术中心主任都不知道。有人说，这三个“大人物”甚至不能乘坐同一个交通工具出行，不能同时出席非正式宴会……无论这些传言是否真实，都足见青岛啤酒对百年酵母的保密措施已堪称极致。

可能让人难以置信，青岛啤酒始于 1903 年的那些酵母菌种竟然未失于沧桑，在历代酿酒师的精心维护中保留了下来。在一个多世纪的时间里得到精细、严谨、科学的保存与优选，从未间断。当然，这不会是一种静态的保护。在一个多世纪的时光中，关于神奇酵母的奥秘始终在延续。

酵母扩培系统

在传统遗产的基础上，青岛啤酒还研制出了新的酵母菌种，发明了独特的后熟工艺。新的工艺对于传统必是有所继承，亦有所创新的，百年酵母菌种在不断完善的发酵技术的支持下，正发挥着它更为神奇的功力。

无论何时，我们在世界各地喝到的麦香独特的青岛啤酒，都源自这传承经典的百年酵母。它诱发了啤酒中若有若无的神秘香息，正是这香息的微妙之处展示了青岛啤酒的独特魅力，尽管历史瞬息万变，这一魅力百年来未曾褪色，青岛啤酒酵母的生命常青因此而具有历史价值和现实意义。

四 早期酿造水源——藏在啤酒厂里的老井

在青岛啤酒的百年历史长河视角下，传统与创新互为彰显，对于啤酒酿造原料的阐释和描述，便是其最简单亦最深奥的体现。如果将啤酒的生产看作一曲工业领域的绝唱佳作，那么我们所听到的这部“交响曲”，便是由水、大麦、啤酒花和酵母共同谱写、一同奏响的。

水作为酿造啤酒的原料，是能够保持啤酒正宗口感的关键，可视之为啤酒的血脉。没有水，所有的原料成分都只能各自为物而无以化合。可以说，啤酒的所有成分都结缘于水。水无所不在，润物细无声，看似最不起眼却无比重要，对啤酒的影响也远远高于人们的普遍认知，它的软硬度和纯净度如何，是否含有适宜的微量元素和矿物质，对于啤酒特色风味的形成，意义重大。

建厂缘起老井

德国人最早将青岛啤酒厂建在毛奇兵营旁，毛奇山脚下。天气好时由此处向东方远眺，依稀可见群山绵亘之状。德国人为何要将啤酒厂建在此处？原来是因为离厂址较近的毛奇山（今贮水山）拥有甘甜的泉水，可作为优秀的酿酒用水。而毛奇山泉水的高品质，又源自其与崂山水系的一脉相承。青岛啤酒长期以“名泉名酒”为号召，便是因为久已吸纳了崂山矿泉水的性灵之美，不囿于其物质形态。当时德国人将水样送柏林检验，结果令人惊喜不已！这是

德国士兵在啤酒馆

极为难得的上乘之水，在理化指标上表现得很棒，有益于酿酒的指标几乎都高，而不利于酿酒的指标则相对都低。

“极宜于酿酒！天时地利人和，这是极其罕见的良缘啊！”这一发现，让当时的创始团队兴奋不已！由此加速了青岛啤酒厂建设和发展的进程。

当时发现这一优势的德国人，火速行动了起来，尝试

◎**小贴士**

毛奇山：即今贮水山。据资料显示，因此山海拔 83 米的东峰与海拔 73 米的西峰远看状如马鞍，古代被叫作马鞍山。1897 年德国侵占青岛，开始用德国名人的名字命名青岛的山头，此山遂改名为“毛奇山”，同时在山上修建炮台，派军队驻守，并在山顶建成两座容水 6000 吨的贮水池，故青岛人称之为“贮水山”。日本取代德国侵占青岛时，改山名为“若鹤山”，又因日占青岛时修建了祭鬼场所——日本神社，日本神社在当时的中国人眼里，就跟中国传统的庙宇差不多，所以青岛人称其为日本大庙，而将此山也称为大庙山。1922 年中国政府收回青岛主权后，定名为“贮水山”。在山东南一侧建有一处小公园专供守军操练后休息所用，日本第一次侵占青岛后曾命名为“若鹤公园”。1922 年中国收复青岛后，政府将公园重新改造，并将其命名为“第二公园”，1956 年改称“贮水山公园”。贮水山公园是青岛有名的山头公园之一，位置在老市北区的辽宁路、黄台路、登州路和泰山路之间。

性地在当时的毛奇山脚下打了四口井，早期酿造啤酒用水均取自其中。

“这就是家乡啤酒的味道！甚至更加清爽！”当时的德国军人在品尝到青岛啤酒后，激动万分，在异国他乡终于尝到了家乡啤酒的口感，甚至比自己家乡酿造的啤酒更加爽口，这一切都源于崂山“人间仙水”的水源供给。

当时挖掘的四口水井即使在旱季，也能够为啤酒厂提供充足的水源。现如今，依然可以见到当时开掘的老井，它是青岛啤酒早期酿造历史的最佳见证者，更是青岛啤酒百年来维系甘醇口感的最好记录者。

延续优质水源——品水师的诞生

青岛啤酒能够如此甘醇可口，源于酿造过程与大自然的完美契合，崂山水系的天然馈赠功不可没。为了延续这一独特口感，青岛啤酒对于优质水源的把控力度自是不言而喻。

由此，青岛啤酒品水师的职位应运而生，他们用敏锐的味蕾鉴别酿造过程中的每一道水。从酿造用水，到刷洗用水，到包装用水，以及所有一切与酒接触的水，都经过品水师们的一一品评。尽管青岛啤酒的酿造用水已经比平日的生活用水要考究得多，但还是需要层层严格检测和评定。现在，各地青岛啤酒生产厂可以通过规范的水处理方式，达到青岛啤酒酿造水的统一标准。多年来与水无声的对话，使每一个品水师都对平淡的水有了自己的见地。

一般人看来，水是无色无味的。但对于品水师来说，从来都不只如此。他们手中之水，便似无数人杯中之酒。他们每天至少要品尝多次，脑中要储存几十种甚至上百种味道。水对于品水师而言，已经远远超出常人理解的意义。水的特性，如软硬度、口感、矿物质种类及含量等，对啤酒的品质和风味影响重大。从青山翠谷中流出的温柔而飘逸的泉水，矿化度低、水质清纯、口感甘甜清爽，正是这样的水质，吸引了擅酿啤酒的德国人，创建了青岛啤酒。

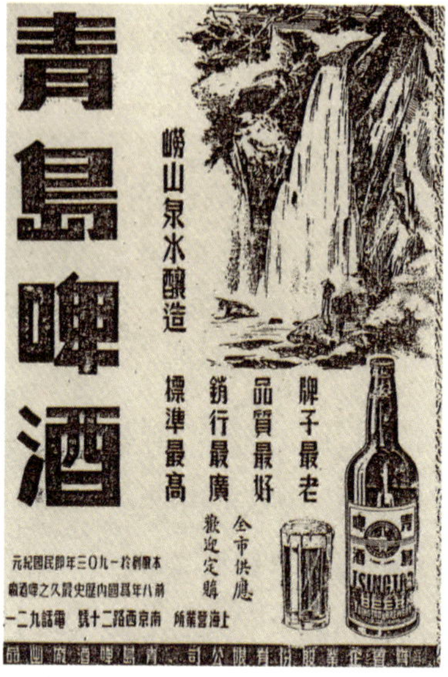

青岛啤酒早期广告海报

在青岛啤酒最初扩张的日子里，为了寻得水的精魂，品水师的足迹曾遍布大江南北。为了传承青岛啤酒百年经典的味道，所有的品水师遍尝了一千多年前陆羽曾赞叹过的天下二十种至美之水——泉水、滩水、瀑布水……时至今日，符合青岛啤酒标准的酿造水在他们的不懈努力和强大的技术支撑下，早已不再成为青岛啤酒发展的瓶颈。青岛啤酒的水处理工艺已经炉火纯青，异地的优质水经过处理后，一样可以在软硬度、酸碱度、矿物质种类及含量方面实现高度一致。

没有味道的水是没有个性的水，也是没有灵性的水，经过专业的蒸馏提纯后，从普通的自来水中亦可提炼出99.99%以上纯度的纯净水，但这样不会产生出青岛啤酒的味道。水味有甘，有苦，有轻浮，有滞涩，它流经的路径造就了它的滋味，从来都没有无缘无故的水。好水就像百品百调中严谨雕琢的作品，与好水相遇，是缘分，也是福祉。酿制青岛啤酒的水正是独一无二的好水，是酝酿经典的精魂所在，它能带给人们醇正的啤酒风味，唤起人们快乐的啤酒情结。每一杯青岛啤酒中，都有水的精魂在舞蹈。

在外人眼中，品水师的职业如其名称，索然无味，然而于青岛啤酒而言，他们能在“淡而无味”的水中品出“百般滋味”。守望一杯淡水，只为酿造出风味醇正、麦香浓郁的可口啤酒。细节决定成败，在青岛啤酒的酿酒专家团队中，品水师的工作如同大厦的根基般重要，因其关系着青岛啤酒百年酿造工艺的传承和优化发展。

我们关注历史的起点，无非是为了更好地洞察现在，关注有悠久历史的四口老井同样有此深意。时至今日，代代青啤人都特别感谢崂山水，它所赋予的自然质感与养生韵味已深深融入了青岛啤酒的思想中，成为现在青岛啤酒酿造工艺不断精进的源泉和动力。

无论岁月如何演变，从过去到现在，一道纯净之光始终被尊为圭臬，口碑相传，深入人心。

五 青岛啤酒诞生于它们——早期酿酒设备

有人说，啤酒口感醇厚，耐人寻味，是大自然的绝佳馈赠。对于酿造啤酒的原料前文已经提过，一杯沧海的酒香意蕴在馥郁的原料下已悄然萌发，接下来可以酿酒了。说到这里，就不得不先看望一下老朋友——劳苦功高的酿酒设备。

作为百年历史的时代见证者，这些如今已“年迈”的酿酒设备曾被委以重任，扛起青岛啤酒的酿造职责。酿酒设备有着变与不变的两面性，物质坚硬性的表面凝结着诸多常常不被关注的信息。它们是工业遗产价值最基本的载体，默默无闻地铭刻着近代工业文明的脉络，留痕于今天，虽缄默无语，但内在力量却极为强大，随着机械齿轮的转动，青岛啤酒的百年酿造故事也由此展开……

初创时期，青岛啤酒的全套生产设备均由德国原装进口，为当时世界上最先进的专业设备，其中糖化设备和过滤设备是由位于克姆尼茨市的日耳曼机械厂设计制造的，制冷系统是由位于沃尔姆斯市的恩岑格股份公司（Enzinger A.G. in Worms）制造的。这些设备在不同时代长期参与了青岛啤酒不同产品的制造，时光愈久，它们所展现的历史文化价值愈清晰，即便是锈迹斑斑，亦不失本色。

西门子老电机百年运转的秘密

在青岛啤酒厂旧糖化大楼里，有一台“100 多岁”的机器——制造于 1896 年的西门子电机，被视为青岛啤酒博物馆镇馆之宝。一百多年前初到青岛啤酒厂的时候，它可

西门子老电机

是生产线上的“主力”！到今天，只要接通电源，合上电闸，这台机器依然能从容运转。

1997 年，西门子公司知道了这台比他们自己所存最老的产品还要早几十年的电机在青岛，甚至还能运转，遂派员前来一看究竟。当那台百岁机器运转起来的时候，前来参观的专家们惊愕得闭不上嘴，称这是奇迹。触摸那镌刻着“1896”字样的铜牌，一切恍如隔世。惊愕之余，德国绅士开始自夸起来，他们说：“这是我们生产的设备好，才有了这个奇迹。”当时的酿造车间主任笑笑说：“你们的设备遍及世界各地，像青岛啤酒这样的企业多吗？不是你们的设备优秀，而是我们的工人百年来，保养维护得好啊！”话虽玩笑，理却不假。回首青岛啤酒百年生产时光，无论是对原料的保存，还是对设备的保护，都可以称得上是工业史上的“奇迹”，正是由于历代青啤人对于啤酒文

◎小贴士

西门子电机 西门子公司创始人恩斯特·维尔纳·冯·西门子（Ernst Werner von Siemens）于 1866 年在利用电力作为动力源方面取得了突破性进展，制成了电动机。这种新技术不久便被产品化，并投入了市场，西门子电机由此问世。目前，西门子公司旗下的西门子电机已是全球领先的电机制造商，拥有 100 多年的电机制造经验，其产品几乎涵盖了所有工业领域所使用的电机。

西门子电机标牌

化的热爱和对工业文明的珍视，才有这一段段广为流传的佳话。

话说回来，观赏完老设备的德国专家们对青岛啤酒充满敬意，欣赏一番后，委婉地提出想要把这套老设备以高价收购回去，因为他们自己也没有祖先生产的设备了。当时的青啤人同样委婉地拒绝了他们的请求：“我们不能卖，这套老设备已经融入了青岛啤酒的历史中，它已成为青岛啤酒乃至中国啤酒发展的见证。”在青啤人的心目中，老电机已是世纪功臣，满含着历史信息，而历史是无法复制的，创造未来的第一要义即不能出卖历史。说起来，一台黑黝黝的电机似无多少艺术美感可言，却暗自启动了一段跨越时空的对话。

据说，同时代的设备在南美某国还有一套，但早已废弃不用，成了一堆破铜烂铁。因此，现陈设于博物馆中的这台电机已成孤品，见证了近代世界工业发展高峰时期的一个片段，把青岛啤酒的百年沧桑带到了更久远的过去。

紫铜糖化锅“小酒窝”的故事

进入工业化时代以后，手工打造的紫铜锅就成为啤酒发展史上的标志之物。紫铜锅有着特定的造型和工艺美感，有一种珍稀的手工魅力，更具有专属于某个时期的纪念价值。

走进老糖化大楼，登上一段铁梯，我们将与四口庞大而精美的紫铜酿酒锅不期而遇，这四口锅分别是：糖化锅、糊化锅、煮沸锅和过滤槽。它们无言矗立于时光深处，相互守望，俱为纯正的德国生产的工艺结晶。这四口紫铜锅通体由紫铜制成，造型典雅大方，工艺精良，别有一种古典质感与近代技术相结合的韵味。这套设备历经德占、日占、国民党政府、新中国等不同时期，从 1903 年到 1993 年，整整发挥了 90 年的功用。

时间能够带来意想不到的价值，也不可避免会留下些许沧桑斑痕，这四口紫铜锅历经百年，表面早已烙满时代的印记。紫铜制品就是这样，只要未遭到实质性的腐蚀与破坏，它所特有的光泽就会随着时间而增长，显得越来越饱满，岁月的“皱纹”让它们看上去别有一番时代韵味。抚摸上去，一丝温润感悄然滑过岁月，隐约间已将啤酒这种兼具艺术与技术内涵的文化物质的韵味凝固了起来，尤其是当夕阳透过窗户照在上面的时候，更是耐看，这些紫铜透过百年时光而熠熠生辉，已经习惯了以无言来揭秘，呈现了无可复制的时代属性。

糖化锅管道看起来更加沧桑，有大量的瘢痕。说到这里，就不得不说起一个流传日久，关于糖化锅“小酒窝”的故事。由于糖化锅管道是从上往下运输原料用的，楼上的人难以把握原料的投放量，所以控制投放量这件任务就交给了楼下的工人，而以前没有通信设备，楼下的工人看到投放的原料已经够用的时候，就会敲击这根铜管，铜管发出的声音可以提醒楼上的人。因此，这些糖化锅管道上的瘢痕，就像可爱的“小酒窝”，成为当时啤酒生产的真实见证。酒不醉人人自醉，糖化锅的“小酒窝”带着一丝甜蜜味道，也正因此，糖化锅的形象随之生动了起来。

糖化锅

这套老设备像一位世纪老人，经历了一百多年的打磨，受到了工人师傅的养护与照料。每当设备大修时，工人师傅总要把它们里里外外维修一通。师傅们说，这套老设备为青岛啤酒立下了汗马功劳，应该享受功臣待遇。酿造车间原主任牟卫东对这套老设备更是关爱有加，始终让其保持着电机能转、变速箱有油，一摁开关就能运转起来的良好状态。闲暇时，他常常在老设备旁待上一会儿，像在读一部中国啤酒史那样审视着它们。有人说："一堆破铜烂

◎小贴士

紫铜锅：紫铜就是铜单质，是一种坚韧、柔软、富有延展性的金属，因其具有玫瑰红色，表面形成氧化膜后呈紫色，故一般称为紫铜。它是含有一定氧的铜，因而又称含氧铜。紫铜是工业纯铜，其熔点为1083℃，无同素异构转变，相对密度为8.9，为镁的五倍。紫铜有良好的焊接性，可经冷、热塑性加工制成各种半成品和成品。青岛啤酒博物馆糖化车间就有四口紫铜锅，它们是早期青岛啤酒的酿造设备。这四口紫铜锅诞生于1903年，由德国人用紫铜纯手工制作而成，被评定为国家一级文物。它们是我国引进最早，引进时国内最先进、最大的啤酒生产设备，中国的第一瓶啤酒就是通过它们生产出来的，其年产量可达2000吨。手工打造的紫铜锅作为早期工业遗产代表文物，成了啤酒史上的重要标志。

糖化车间

铁，值得那么关心吗？”牟卫东笑笑说：“值得，这是文物，是工业文物，也是青岛啤酒的历史写照。”

德国人的敬业精神和工匠精神成就了他们制造业和酿酒业的辉煌，久为世界所称道，他们在 19 世纪末和 20 世纪初所制造的一批机械设备如今已成为工业文明的象征，记载着那个时代特有的工业设计思想。由于两次世界大战的原因，在德国这些本来并不稀有之物如今已难得一见了，老设备多为铜质，且设计制作上尽力糅进一些艺术元素，讲究细节和纪念性，所以很耐端详，尤其是当代人看惯了白花花的不锈钢设备之后，可能会对那些别具古雅气息的铜家伙更感兴趣，在欣赏的时候，它们尤其显得厚重而精致。

如今，老设备得到了精心维护，除了代表性的酿造设备以外，古老的发酵设备、包装设备都作为时代的印记贮藏于青岛啤酒博物馆当中。馆内有一条老设备走廊，展示着不同时期的老设备，每个时代的设备均形成系列，成为博物馆最珍贵的展品之一，以各具魅力的工业遗产价值超越了它们的实用价值。老设备传达给每位观赏者的信息是新奇的、独特的，体现了历史的厚重感，也彰显了时代发展生动的一面。作为标志物，它们默默站在工业史的行列中，不仅是青岛啤酒工业遗产价值体系上的重要一环，在世界近现代工业设计与制造史上亦有一定的标本价值。在历史的长河中，在文化的轨迹下，经久不衰……

六 物归原主——失而复得的1906年金奖证书

1906年，青岛啤酒一路漂洋过海，在遥远的欧洲凭借优秀的基因，在国际啤酒博览会上拔得头筹。

如今，那张来自1906年的金奖证书正静静陈列在青岛啤酒博物馆的展厅中，纤美的字体、古雅的设计、百年时光所散发的岁月底蕴，吸引着天南海北的游客驻足停留。在这张金奖证书的背后，又有何动人的传奇故事？

“衣锦还乡”，啤酒之都拔头筹

让我们把时间拉回到1903年，从当年8月份公司成立起，德国人便开始了苦心孤诣的经营研发之路。经过两年多的研发生产，初上市的青岛啤酒在国内掀起了一股啤酒潮流，北京、上海等大城市持续热销。德国商人为此倍感自豪，并开始盘算起国际销路。

1906 年，带着诞生于东方古国的青岛啤酒，德国人踏上了“衣锦还乡”之路，去参加在啤酒之都——德国巴伐利亚州慕尼黑举办的国际啤酒博览会。

国际啤酒博览会的品评流程十分复杂，评审标准也十分苛刻，当时采用了盲评法、多人评定共同打分等多种方式，对啤酒的品相、色泽、口感、味道等一一进行评判，青岛啤酒在与诸多世界著名品牌啤酒的竞争中毫不逊色，

◎小贴士

世界啤酒之都：德国巴伐利亚州慕尼黑被称作“世界啤酒之都”，这里处处充溢着啤酒的芳香。全德国共有啤酒厂 2000 多家，而其中一半以上都在巴伐利亚，巴伐利亚州是德国最大的州，慕尼黑是巴伐利亚州的首府，是德国第三大城市，更是全世界啤酒消费量最大的城市。这里不仅会举办国际啤酒博览会，每年 10 月还会举办啤酒节，慕尼黑拥有世界著名的专门为啤酒而设立的高等学府——慕尼黑啤酒学院，慕尼黑人以坚持运用传统工艺酿造优质啤酒而闻名于世。在科学技术高度发达的今天，世界上绝大多数国家的啤酒厂都已普遍采用了现代先进的生产技术和设备，而慕尼黑人却依然执拗地保持着他们的传统。在整个慕尼黑，集中体现西方啤酒文化特点的老式啤酒厂，如今仍多达数百家。

1906 年青岛啤酒在德国慕尼黑国际啤酒博览会上获得的第一张国际金奖证书

以其麦香浓郁、口味醇正、色泽均匀、泡沫细腻等近乎完美的品质战胜同时参评的所有啤酒，一举夺魁，让品阅美酒无数的评审们连连赞叹，甚至有评委不相信这漂洋过海而来的中国制造的啤酒，竟有如此正统的啤酒美味！这是青岛啤酒乃至中国酿酒工业赢得的第一个国际金奖，得此殊荣，为青岛啤酒风靡世界的百年传奇开拓了全新的道路。

“易主经营”，金奖证书寻而不得

然而，德国人做梦也想不到，由于战争失利，日本人占领青岛，接手了青岛啤酒厂的经营，德国人不得不放弃胶州湾和苦心经营了 13 年的青岛啤酒厂。当时德国人对于青岛啤酒厂的感情已经非常深厚，在被迫撤离青岛之时，恩斯特 · 斯姆森（Ernst Siemssen）厂长带走了一些值得纪念的物件，包括用于生产青岛啤酒的高级啤酒花、部分皇室酵母、一小瓶珍贵的酿造水以及青岛啤酒的生产手册。

当然，斯姆森厂长在离开时，也带走了那张对于当时的青岛啤酒而言最为珍贵也最能够证明产品质量的金奖证书。

首张金奖证书的遗失对于当时的青岛啤酒厂来说无疑是一个巨大的打击，近百年来，青啤人一直未曾中断过对1906 年金奖证书的找寻，对于他们而言，这张证书真实地记录了青岛啤酒百年历史的辉煌开篇，让每一个深深热爱着青岛啤酒的中国人魂牵梦绕。

为此，几代青啤人进行了不懈的努力，凭借着仅有的文献记载遍访德国，顺着当年的历史印记，几乎联系了所有可能了解证书去向的人，却始终没有得到期望的答案。这份“遗失”在外的金奖证书成了所有青啤人心中失落的回忆。

“荣归故里”，近百年之后再续前缘

时间来到 2004 年，很多青岛啤酒的员工都记得那个特殊的日子。时值盛夏，代表世界啤酒行业最高技术水平的青岛国际啤酒技术高层论坛召开。论坛邀请了美国、德国、英国、丹麦、日本等国际啤酒界知名学者及国内啤酒界的专家，研讨国际最新啤酒酿造科技的进展。来自世界各地啤酒界知名学者和资深酿酒专家共聚青岛，开展学术讨论，这次论坛是该论坛史上参会人数最多的一次，也是影响力最大的一次，而这一场啤酒学术研讨会，对青岛啤酒更有着特殊的意义。

论坛开幕当天，会场很早就挤满了人，啤酒行业精英力量互相切磋交流，气氛好不热烈！时任青岛啤酒集团执行总裁刘英弟和营运中心总裁樊伟也西装革履、盛装出席，神色期待又焦急。从接到消息的那一刻，他们就一直在等待，等待着一位神秘来宾的出现。

当会议开始，神秘来宾终于到来，当年过半百的国际酿造学院院长格奥尔格·参特格拉夫（Georg Zentgraf）博士出现在会场时，全场啤酒研究者的目光都聚集了过来，大家对这位来自遥远的德国巴伐利亚州的客人报以持久而热烈的掌声！简单的寒暄后，参特格拉夫博士在一片镁光灯的闪烁中，从手提的木箱内取出一个包裹厚实的物品。在众人瞩目之下，博士细致地打开层层包装，这份漂洋过海的神秘礼物终于揭晓——1906 年德国慕尼黑国际啤酒博览会金奖证书！

这一刻，在场所有的青啤人都沸腾了，只有他们知道这份礼物对于青岛啤酒百年的历史征程而言，有多么的厚重和可贵。这份因历史原因被德国厂长恩斯特·斯姆森离开时带走的 1906 年青岛啤酒首张金奖证书，历经了近一个世纪的沧桑，终于回到了原本就应该享有这份荣誉的青啤人手中。

时间不会亏待那些用诚意翘首以盼的人，格奥尔格·参特格拉夫与1906年金奖证书的相遇便是佐证。一次偶然的机会，时任国际酿造学院院长的格奥尔格·参特格拉夫博士在进行学术研究的时候，到德国巴伐利亚州的亚洲档案馆找寻资料。在翻阅档案的时候，他惊喜地发现了青岛啤酒当年的金奖证书，原来这张意义非凡的证书一直安静地躺在档案馆的柜子中，诠释着时代的独特记忆。当时他倍感激动，这位与青岛啤酒渊源颇深的老人深知这张证书的珍贵，也深知它对于青岛啤酒的意义，于是迫不及待地联系当时的青岛啤酒厂负责人，并将这一好消息传达给远在海外的青啤人。参特格拉夫博士原计划在青岛啤酒百年庆典时，快马加鞭地将证书作为诞辰礼物送回啤酒厂，但由于种种原因未能成行。直到2004年召开青岛国际啤酒技术高层论坛，借助这次机会，参特格拉夫博士终于乘飞机来到中国，作为巴伐利亚州政府的代表，亲手将证书还给青岛啤酒。遗失近百年的金奖证书终于物归原主，回到了它的家乡。

历经近一个世纪的沧桑变迁，这张弥足珍贵的证书终于回到了期盼已久的青啤人手中。现在，1906年金奖证书被安置在青岛啤酒博物馆历史文化展厅里，向每一位游客诉说着中国啤酒百年的沧桑和辉煌。

1906年金奖证书上栩栩如生地镌刻着四位古希腊女

神，她们漫步在春风中，神态安详。四位女神分别象征绘画艺术、家庭建筑、纺织技艺、和平满谷。给笔者留下印象最为深刻的是其中两位女神：一位是象征着家庭和睦、繁荣稳定的家庭守护神赫斯提亚（Hestia），她娉婷而立，双手托举、小心守护着“人类的家庭”，象征着啤酒作为“社交润滑剂”，为人们带去欢乐、和谐、健康、轻松及愉悦；另一位是护佑着谷物满仓、财源滚滚的谷物女神德墨忒尔（Demeter），她婀娜回眸，手持象征爱与和平的橄榄枝，为人间送来生生不息的活力与丰饶。金奖证书上的画像象征着啤酒与人类社会的日常生活息息相关，可以说每一杯青岛啤酒都是生活中必不可少的多元催化剂。

1906 年慕尼黑国际啤酒博览会金奖证书印证着青岛啤酒的创始岁月，一道纪念之光浮现而至，那是属于一个特殊时代的历史影像，模糊而清晰。当时诞生仅三年的青岛

◎小贴士

赫斯提亚：古希腊神话中的女灶神，奥林匹斯十二神之一，为克洛诺斯与盖亚所生，守护人间灶火兴旺、人丁安稳，其兄弟姐妹有：德墨忒尔、哈迪斯、赫拉、波塞冬和宙斯。赫斯提亚作为宙斯的姐姐，在奥林匹斯十二主神中辈分最高，曾拒绝阿波罗以及波塞冬的追求，发誓终身不嫁。在希腊的各个家庭，甚至许多城邦的议事厅中，都设置了专门供奉赫斯提亚的地方。

啤酒一鸣惊人，由此被世界所熟知，得到了世界啤酒的最高评定和认可。1906 年的国际金奖不仅展示了中国啤酒第一次征服世界的光辉历史，更印证了中国啤酒行业领军者从诞生之日起便熠熠生辉的金牌品质。

七 易主经营之路——艰苦与混沌中坚守民族工业

1914 年第一次世界大战爆发，青岛成了亚洲主战场，后来德国战败，日军占领青岛。日本人习称啤酒为麦酒，其近代啤酒业发端于明治维新末期。1876 年，他们从德国巴伐利亚引进啤酒生产技术。与德国不同的是，他们酿制啤酒喜欢加入大米。有记载称，1885 年，英德商人在横滨创制了麒麟啤酒。就近代啤酒业的发端来说，与青岛有些相似之处。在日本人田原之次郎所著《胶州湾》一书中，有这样的记载：“1906 年，日耳曼尼亚啤酒公司青岛股份公司生产的啤酒在慕尼黑国际博览会上展出，获得金奖。”可以说，面对起步虽晚，但品质已优于他们本国产品的青岛啤酒，日本人是怀着某种复杂的心理接手经营的。

1916 年 9 月 16 日，日本东京都“大日本麦酒株式会社”以 50 万银圆的价格从德国人手中收购了“日耳曼尼亚啤

日本管理人员

酒公司青岛股份公司”，将工厂更名为“大日本麦酒株式会社青岛工厂”。1922年，青岛主权回归中国，设胶澳商埠，1929年，南京国民政府接管青岛，该市成为直属国民政府行政院的特别市。城市回归了，但啤酒厂仍由日本人经营。

据史料记载，1937年时全厂共有职工186人，其中日本职员15人、工人7人，中国工人164人（男152人、女12人）。日工资的情况如下：日本人最高2.48元、最低1.36元；中国男性工人最高1.56元、最低0.43元，女性工人最高0.42元、最低0.34元。和当时很多日企一样，厂里大量使用童工。这时期的青啤工人，童工占40%。工人们每天必须工作12小时以上，几乎每天都有人遭到毒打，成为青岛啤酒厂历史上的黑色记忆。

1937年7月7日，卢沟桥事变爆发，日本帝国主义发动全面侵华战争。8月14日，日本特务机关制造“德县路事件”，作为日军向青岛进攻的借口，随即从陆、海两路夹击青岛。12月底，青岛市长沈鸿烈指挥炸毁了20多家日商工厂并破坏了发电厂、港口等处重要设施后，撤出青岛。在这次剧烈的历史动荡中，青岛啤酒厂幸运地未被殃及。1938年1月，日本第二次占领青岛，啤酒厂在沉重的历史危难中延续了下来。

日本人在中国工人面前穷凶极恶，然而，他们特意在厂里修建了所谓祈祷神灵保佑的神庙，并在厂长办公室专门装上了铁护栏，足以看出作为侵略者的他们对于广大中国人民的恐惧。中国工人们在艰苦的环境下依然努力工作，为的是不让民族企业在混沌时期完全丧失自主权。

青岛啤酒在日方手中经营了近30年，这也是青岛啤酒历史上生产、管理最为混乱的时期。据记载，在抗日战争期间，精打细算的日本人还在啤酒厂里改造出了一个制药车间。他们把生产后淘汰的酵母进行废物利用，制成“维他益片”，供应日军和日侨。这是因为啤酒酵母中含有丰富的维生素，这种“维他益片”就是如今的食母生片，可以帮助消化。这段历史堪称世界啤酒企业发展史上的奇闻异事。

日本人经营啤酒厂期间，为维持营收，搜刮剥削中国人的财富，对啤酒厂进行了不同程度的改造和扩建，面对战争造成的贸易运输和成本等方面问题，他们还尝试了自己生产麦芽、培育啤酒花等生产活动。

1939 年，“大日本麦酒株式会社青岛工厂”修建制麦车间，1942 年，经生产改造和大规模扩建，增建了贮酒罐，改进了糖化室，包装室安装了一整套装酒设备。经过改造后，啤酒产量有所上升，最高年生产能力达到 4663 吨。为了降低原料成本，日本经营者在厂内创建“笏布园”，用以试验种植自己的啤酒花。生产设备虽有所增加，但原先两幢大楼仍保持原貌，并于 1942 年底恢复生产，循例生产淡啤酒和黑啤酒。

这一时期，生产原料较以前已有明显变化，开始使用山东大麦和大米来酿酒，对青岛啤酒来说，这是重要的变化。但从表面上看，变化更大的是名称和商标，在保留“青岛”

◎**小贴士**

笏布园：指日本经营时期青岛啤酒厂院内种植培育啤酒花的区域。啤酒花的英文为“hops”，音译为“笏布花”，故种植啤酒花的区域被称为“笏布园”。青岛是当时国内第一个自主试种、培植啤酒花的地方。

日本人修建的制麦车间大楼

日本人创建的“葎布园”

牌的同时，日本人采用了花样繁多且具有日本特色的名称和商标。近30年的日方经营时期，虽然青岛啤酒自身的内质并未发生逆转，依旧享有名牌之誉，活跃于海内外市场，但当时无论是商标还是宣传营销都有着强烈的日本风格，为当时青岛啤酒的管理和发展烙上了鲜明的日本烙印。

日本人几乎把日本所有的啤酒名牌都拿来套用在青岛啤酒身上，一门心思寻求与他们国内品牌相对应，所以才出现了那么多牌子，当时先后或同时使用过“青岛”“朝日”“麒麟”“札幌”“万字”“福寿”等多种商标，风格多变，为大众对于青岛啤酒的认知带来了全新的视野和思维。但是在消费者特别是中国消费者心目中，似乎并没有被新颖的样式风格所征服，因为青岛啤酒就是青岛啤酒。这也从一个侧面印证了青岛啤酒深入人心的品牌认知度与根深蒂固的品质感应度。说到底，这既是源于其初始魅力的一种普遍的心理认同感，也反映了根脉的重要性。

日本经营时期，青岛啤酒广告画的时尚风格在时代背景下引起了极大的社会关注。当时，日本人企图按照日本的方式改造青岛啤酒，然而对于中国人来说，由于特殊的历史原因，日本色彩恰恰是很难被广泛接受的。因此，当时的广告画只好借中国古人来救场，极力谋求与中国人在视觉和心理上建立一种相对融洽的关系，甚至试图以此弥合历史裂痕，消解文化紧张，从而强化产品在中国消费者心目中的可接受度。历史因素作用于广告者，由此可见一斑。

在二十世纪三四十年代，世界范围内传播策略与手段发生了很大变化，当时西方时尚观念已经在中国一些大城市广为普及，建筑、时装及广告等领域则出现了民族风格回归的思潮，当时常见的烟盒上那种兼具时尚与传统的美女形象即是体现这一变化的典型，反映了那个时代审美趣味的青岛啤酒广告也迎合了这种变化，德占时期的黑白世界不见了，变成了彩色画面，广告内容也大异其趣，更热衷于对现代生活格调的渲染，趣味性十足。

下侧这幅美女广告所依托的人物原型是当时著名影星胡蝶，设计风格与当时的海派风格一脉相承，美女以代言者的姿态占据了广告画面的中心位置。让美女来传布美酒的诱人之处，相互见证美质，用意不可谓不巧妙。这样的形象在当时的广告及烟标、酒标中很常见，历时性色彩非常明显，不过想要表达的却是一种共时性内涵，那就是美女与美酒的永恒默契。在时尚的前提下，尽量把

青岛啤酒旗袍美女广告

古典美结合进去，以古典气质为现代时尚做张本，意在传达某种恒久魅力。不过，为了加深印象，还是不忘加上一句“请饮青岛牌啤酒”，并宣称其为“环球最高纯洁饮料”，就此完成了一次广告心象的流转。

“桃园结义”这幅广告传达了对青岛啤酒与古代酒文化之间内在精神联系的关注，以半真实半想象的方式完成了一次历史同构。

画面中刘备、关羽、张飞在桃园聚饮美酒，古色古香的酒具盛满了无名无姓的琼浆玉液，因其不属于任何人，故可被用来渲染任何一种酒，除了酒文化上的某些共同性之外，其他一切与啤酒毫无关系，尽可以用想象的方式来

◎小贴士

海派：指的是二十世纪二三十年代出现在上海的一种创作流派，其肇始于绘画、戏剧领域，与上海的都市现代化进程密切相关，在文化、艺术方面具有新的风格。海派风格是我国的传统文化与欧美等异域风情交汇融合，从而衍生出的独具中华文化特色的艺术表现风格，其特点是：海纳百川，兼收并蓄，善于扬弃，勇于创新。海派文化、海派性格、海派作风和海派魅力以雕塑、绘画、建筑、戏剧、音乐等文化形式作为载体发扬光大，其中以海派建筑最为典型，它在本土地域性建筑特色的基础上，吸收先进的海外建筑艺术语言，实现了多元化建筑艺术的融合统一。

桃园结义广告

弥补。不像前述美女广告那样，可应其时，可把酒瓶摆上桌面，“桃园结义”这幅广告因题材古今相隔，故只能在画面左下角摆上一只酒瓶。广告希望引起的联想是：青岛啤酒源远流长，内在奥妙古已有之。借《三国演义》中“桃园结义”这个大家耳熟能详的故事来表达产品所具备的某种精神禀赋，以义薄云天的情怀来赋予青岛啤酒一份侠肝义胆，凸显内在的至情与豪气。

这幅广告以古典风格见长，关于其所传递的信息，与其说是青岛啤酒要向世人表达什么，莫若说是文化史赐予青岛啤酒的一道古典折光。

以古典精神来满足现代期待，无非是要借悠久的古文化传统来破解现实谜题罢了，虽说时空遥远相隔，但酒文化精神是可以超越时空的。这样一幅难得的艺术广告作品，以国画为表现形式，以历史人物为素材，整体上的艺术美感比较丰富，商业痕迹则相对较少，在当时的社会背景下，可以说是对酒文化经典内涵别具风格的诠释了。

八　青岛啤酒可强身？——掀起国货热潮的青岛啤酒厂

以 1945 年抗战胜利为分界点，在此之前，青岛啤酒遭遇了一连串历史环境变化下的经营更迭，在无可奈何的被动逻辑中，作为历史的选择和时代的产物，走完了以“移植与变易”为主题的历程。

历史的复杂性和文化的特殊性为青岛啤酒留下了时代的烙印，伴随着胜利的曙光，青岛啤酒迎来最关键的一次企业改弦易张——经营权回归国人手中并开启民族化进程。

中国人民取得抗日战争的伟大胜利后，原先由日本人管理的青岛啤酒厂房被国民党政府派员接管，开始由国民政府经营。1945 年 10 月，国民政府军政部查封了“大日本麦酒株式会社青岛工厂”，留用人员 295 名，其中包括 8 名日籍技术人员，将厂名改为“青岛啤酒公司”，继续

1948 年的青岛啤酒商标

按原工艺生产啤酒。同年 12 月，工厂被国民政府经济部鲁豫晋区特派员办公处接管。年后，该厂移交行政院山东青岛区敌伪产业处理局，定名为“青岛啤酒厂”。

饱经沧桑的青岛啤酒厂终于正式回到了我们中国人手中，抗战胜利后的几年，是青岛啤酒民族化的过渡阶段。青岛啤酒厂回归国人经营的初期，与国内同时期的其他企业一样进入了发展的瓶颈期，管理上的混乱一度使得啤酒厂陷入谷底，在国民党政府的统治下，之前所建立起来的品牌和国际化影响力等领先优势也逐渐弱化。然而事情总有两面性，正是由于国际市场上的全线收缩，民族化进程加速下的青岛啤酒立即被重新定位成“国货精品”这一全新形象，并赢得了南洋华侨的心，刮起了近代中国啤酒行业第一批“国潮风”。

1947年6月，国民党党营企业“齐鲁企业股份有限公司”从行政院山东青岛区敌伪产业处理局那里“买”下青岛啤酒厂，青岛啤酒厂正式成为国民党官僚资本的产业。这时，工厂有职员44人、工人331人，产品仍是黄啤酒和黑啤酒，商标只有“青岛牌”一种，年产能最高达2800吨。

当时的青岛啤酒希望在民族化的起点上看到一张有标志意义的中国人的面庞，这也是大势所趋。当时，著名酿造学家朱梅应聘出任青岛啤酒厂厂长，朱梅曾留学比利时国立酿造学院和法国巴斯德学院，先后考察过意、法、瑞、比、德、捷、奥、英八国的酿造技术，成为中国啤酒史上第一位担任啤酒厂厂长的中国人。朱梅是中国现代酿造技术奠基人之一，在啤酒、葡萄酒酿造方面造诣很深，著有《啤酒酿造》《世界名酒》等。朱梅认为民族的必定是世界的，上任后长期致力于青岛啤酒民族化时代的更新与发展，随着民族化的不断推进，青岛啤酒的国货风潮越刮越烈。

1947年9月27日，新加坡复兴行老板何若余专门致函青岛啤酒厂，表示愿意在新加坡推销青岛啤酒，函中这样写道：“港沪啤厂（注：由外国人经营）正谋南洋拓市场中，敝行在华侨立场，极愿为贵厂推销出品”，言辞恳切。同样，次年6月21日，新加坡《星洲日报》社长胡蛟也来

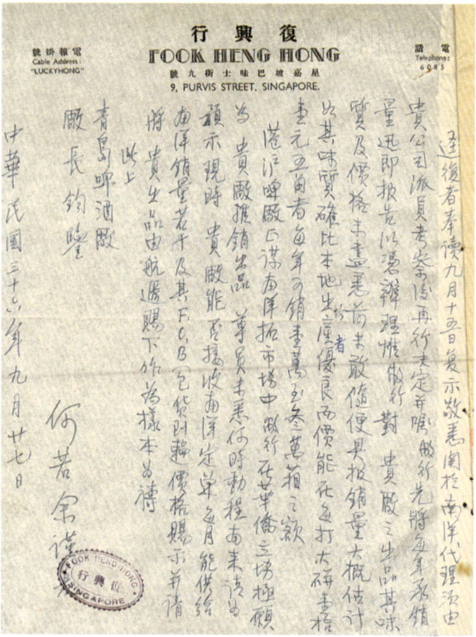

行興復
FOOK HENG HONG
號九街士味巴坡嘉星
9, PURVIS STREET, SINGAPORE.
電報掛號 Cable Address: "LUCKYHONG"
電話 Telephone: 6085

逕復者奉讀九月十五日復示敬悉關於南洋代理須由
貴公司派員考察後再行決定并囑敝行先將每年承銷
量迅即報告以憑辦理等由敝行對 貴廠之出品其味
質及價格未盡悉前未敢隨便具報銷量大概估計
以其味質確比本地出產者優良而價能在每打大碼壹拾
壹元五角者每年可銷壹萬至叁萬箱之數
港滬啤廠正謀南洋拓市場中敝行在華僑之場極願
為 貴廠推銷出品 尊員未悉何時動程南來請為
預示現時 貴廠能否接收南洋定單每月能供給
南洋銷量若干及其F.O.B(包貨到輪)價格賜示并請
將 貴出品由航遞賜下俾為樣本為禱
此上
青島啤酒廠
廠長鈞鑒
何若余謹
中華民國三十六年九月廿七日

FOOK HENG HONG 復興行 SINGAPORE

新加坡复兴行函件

函力荐星洲大亚贸易公司为青岛啤酒在新总代理商，函中“事关国货”及“国货前途”等语，表露了爱国之心。

在港澳地区和外国公司对中国内地商品处于“排斥”阶段的那些年，有一位身处澳门的爱国赤子，对于青岛啤酒的国货发展之路起到了至关重要的作用，他就是全国政协原副主席、澳门中华总商会永远会长马万祺先生。在国货极难打开市场的情况下，马万祺接手了青岛啤酒的销售工作。他与何厚铧家族参与投资经营的新中行有限公司，顶住压力和风险，虽然产权比例几经变动，但经销青岛啤酒的初衷始终不移。在他的倡导下，经销商们采取了灵活的促销手段，在澳门成功地举办了长达 10 年的抽奖活动，参与者一度达 10 万之众。

事实上，澳门啤酒市场上不乏国际知名的啤酒品牌，而在当地人的酒量并不太大、买酒都是论“支”的背景下，澳门爱国商人这种别具一格的促销手段，令西方国家的经销商始料未及。青岛啤酒逐渐在澳门市场占据了主要地位，从最初一天只有几箱的销量，发展到年销量几千箱、上万箱，后来突破十万箱。现如今在澳门，青岛啤酒是一个突出和成熟的品牌，可以说是家喻户晓。目前，在澳门市场一年近万吨的啤酒销量中，青岛啤酒大约占40%的份额。这样的成就，与马老当年的努力密不可分。

青岛啤酒江轮入海般的发展势头让马老倍感欣喜与安慰。在老人眼里，百年青啤的品牌，来之不易。“无论畅销还是市场出现波动，仍然要保证质量，要务实，要讲互利和双赢，不能急功近利，要爱护它的质量和商誉。”老人语重心长的一番话，不仅对青岛啤酒给予了厚望，更是对所有国货的激励与期盼。

可见，收归国人经营之后的青岛啤酒，被赋予了新的精神内涵，其中的意味，也不禁令人细品。于经营者而言，青岛啤酒不单单是一个“漂洋过海”而来的啤酒饮料品牌，更是可以代表中国民族工业、代表青岛的品牌。在海外华侨心中，青岛啤酒的基本形象发生了深刻的变化，成为国货的象征，这也成为那段时期青岛啤酒最具代表性的时代特征。

在如今青岛啤酒厂所遗存的历史建筑中，已很难寻见国民政府时期的遗迹。国民党在撤离青岛时用船舶从海上运走了大量财物，幸运的是，啤酒厂的机器设备躲过了一劫，完好无损。令人无语的是，据当时青岛啤酒厂老工人金振谟回忆，国民党军队在撤离青岛的前一天，居然还在百忙之中派人从厂里拉走了一卡车青岛啤酒。

还有一件事不应被淡忘，啤酒与葡萄酒这两个有着极密切关系的酒品在民族化的背景下相遇了。1947 年 9 月 28 日，当时的青岛啤酒厂奉命接收了原德商美最时洋行旗下的美口酒厂（青岛葡萄酒厂前身），设为青岛啤酒厂的美口酒组（车间），但对外仍称“青岛美口酒厂”，那里的百年老酒窖留存至今，也是青岛一处很有特色的工业遗产。青岛啤酒颜色淡黄，泡沫细腻浓密，口感微苦醇香、清爽有劲，风格独特，美口葡萄酒则口感浓厚、色泽正统、品质精良，二者都深受国内外消费者的一致好评。

后来青岛解放，美口酒厂被青岛市人民政府接收，成为青岛啤酒厂的果酒车间。随着广大人民对葡萄酒需求的不断增加，原先厂房设备已不能适应生产的需要，遂于 1957 年建成新的厂房，并于 1959 年 4 月正式定名为“青岛葡萄酒厂”。1964 年 4 月，青岛葡萄酒厂正式与青岛啤酒厂分开，单独经营。

啤酒和葡萄酒有着异曲同工之妙，俱为精华所凝聚，是大自然绝佳原料的集合，更是人类灵光闪烁下诞生的珍奇饮品，在人类文明史上都发挥了重要作用。纵观历史长河，二者得缘融合，在一定程度上也进一步丰富了青岛啤酒的文化内涵。

有了好啤酒，有了好市场，让更多人知道“青岛啤酒有多好”，便成了当时最值得探讨的环节。于是，民族化发展逐渐走向明朗，经营者逐步将视野放到了宣传的革新上。

随着国潮热度的持续上升，1947 年青岛啤酒开始进行真正的“有声”宣传，拍摄了第一部青岛啤酒的广告宣传片，这是我国最早的电影胶片产品广告。1947 年老广告片是青岛啤酒多年珍藏的珍贵历史资料，现展陈于青岛啤酒博物馆历史文化展厅中，也是博物馆的镇馆之宝，诉说着专属于那个时代青岛啤酒的“有声”记忆。

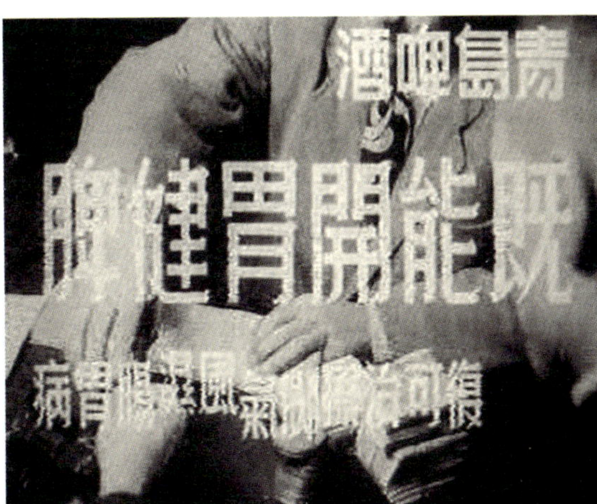

国民党经营时期青岛啤酒拍摄的中国第一部电影胶片广告

伴随着模糊不清的低画质，冗长累赘的介绍词，加之黑白的画面和古老的音效，20 世纪 40 年代后期的街角画面缓缓映入观众的眼帘，只见青岛啤酒厂一箱箱包装好的啤酒自动经过滑动槽集中到仓库，被运出工厂，并一批批地通过汽车、火车、飞机和轮船运送到全国和远东各地。当时城市的各大商区、饭店均在售卖青岛啤酒，大家干杯、畅饮。从广告片中可以看出，青岛啤酒已俨然走进了市井生活的点点滴滴。

“青岛啤酒厂是远东最大的饮料厂，青岛啤酒更是风行全国，青岛啤酒是流质的面包，既能解渴又有营养，常

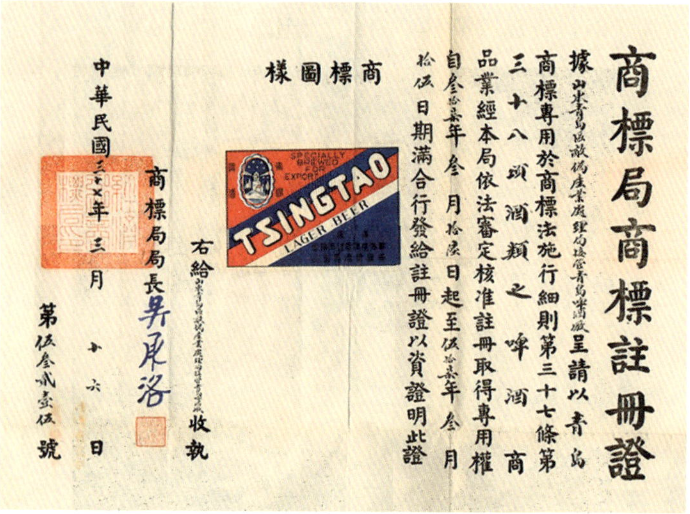
商標局商標註冊證
據山東青島區敵偽產業處理局接管青島啤酒廠呈請以青島商標專用於商標法施行細則第三十七條第三十八類酒類之啤酒商品業經本局依法審定核准註冊取得專用權自叁拾柒年叁月拾陸日起至伍拾柒年叁月拾伍日期滿合行發給註冊證以資證明此證
商標圖樣

右給山東青島區敵偽產業處理局接管青島啤酒廠收執
商標局局長
中華民國三十七年三月十六日
第伍叁貳壹伍號

1948 年青岛啤酒商标注册证

饮青岛啤酒不仅无害反可强身，既能开胃健脾、复可治疗脚气病、风湿病、肠胃病，会喝酒的人可以当成清肠的饮料……”广告片中语言夸张诙谐，极具时代特色，尤其对于啤酒的功能描述，更是大胆和独特，其创意在中国乃至世界历史上都属首例。青岛啤酒“一杯在手，其味无穷”，这第一部广告片开创了中国啤酒广告宣传史的先河。

百年酒香，浇筑国潮因子。时代在延续，国潮亦在延续。现如今，青岛啤酒作为领跑中国的国际化啤酒品牌，依然以引领国潮风的“国货精品”的身份活跃在全球市场，用潮流和时尚的全新方式讲述着它的前世今生。

九 领军外销——青岛啤酒打响贸易保卫战

60多年前，啤酒行业在香港市场上演了一场鏖战，而这场战役的主角，便是中国啤酒行业领导者青岛啤酒。面对强大的国际啤酒品牌发起的挑战，为捍卫“国啤”尊严，青岛啤酒打响了中国啤酒行业鼎鼎有名的贸易保卫战。

1949年6月青岛解放后，青岛啤酒厂被青岛市人民政府接管。1954年，青岛啤酒作为新中国成立后第一个迈向国际的中国啤酒品牌，首次登陆香港。当时的香港可谓国际贸易市场上的“香饽饽”，有着“世界名牌橱窗”的美誉，全世界几乎所有的名牌，都喜欢在这里“露露脸”“亮亮相”，青岛啤酒作为中国啤酒品牌的代表自然也不例外。正值新中国成立后不久，国内主要工业企业的发展才刚刚起步，一些外国人常常借此嘲讽中国人酿不出好啤酒，刚刚出口到香港的青岛啤酒也被套上了“黑袋子”。

青岛啤酒一到香港，便在香港市场上备受打压，遇到了立足香港多年的国际知名品牌的联合阻击，而当时著名的荷兰啤酒品牌“三马头”的威胁最大。外部阻力来势汹汹，内部忧患也让当时的青啤研发人员头痛不已，当时摆在中国酿酒人面前的是一个惨痛的现实：国产的青岛啤酒经过长距离运输后，如果没有得到及时的销售，很快会出现絮状物沉淀，这种絮状物对于啤酒的外观、口感都产生了很大的影响，啤酒透亮的特性不见了，原本的清爽感和杀口感也大大减弱，而荷兰啤酒“三马头”就不存在类似情况。青岛啤酒技术人员一度陷入焦虑，长时间找不到原因，更无从探寻解决方案。

一时间，海内外别有用心的质疑声蜂拥而至，面对这样的现实和对国产啤酒的质疑之声，青岛啤酒作为中国啤酒行业的代表，没有退路可言，必须冲出一条血路，为中国啤酒行业正名，为“中国制造”正名。于是，当时的青啤人自发开启了一场艰难的“国啤保卫战”，从各个方面深入研究，力求提升青岛啤酒的产品质量，力图捍卫中国啤酒的尊严和荣誉。

这场战役的总指挥正是时任青岛啤酒总工程师的吴赓永。吴赓永是上海人，当年为了谋生，由老师介绍来到青岛啤酒厂当了一名实习生，他在工作之初的学习阶段，便对青岛啤酒酿造技术产生了极大的兴趣，日益展现的技术

吴赓永

天赋和研究能力让他最终成为中国啤酒行业闻名海内外的酿酒大师。当时，面对“中国人酿不出好啤酒”的质疑，吴赓永十分气愤！对青岛啤酒的忠诚、热爱和民族自尊心同时涌上心头，他决定下苦功夫研究酿酒工艺，在实践中拜工人为师，立志酿出中国的世界级名牌啤酒。青岛啤酒的工人和技术人员也纷纷表决心，要为青岛啤酒争得一口气，大家一同签下了“生死状”，提出“不提高啤酒质量，不杀回‘三马头’决不罢休”的口号。这无疑在极大程度上唤起了青啤人的民族荣誉感和使命感，后来我们把这场振奋人心的“战役”称为中国啤酒的“上甘岭保卫战”。

功夫不负有心人，青岛啤酒的技术人员经过不懈努力，终于查明造成絮状物问题的原因是啤酒保质期太短。之前由于青岛啤酒在特定的生产和销售环境下，一直以即食性为最基本的要求，希望让每一个消费者都能喝到最新鲜、最爽口的啤酒，对长期保质的技术没有做过深入的研究。如今面对市场的变化，青岛啤酒必须发展出口，如何在长途运输中保证品质成了青岛啤酒最大的技术难题。另外，技术人员发现吊笼杀菌出现状况，本来理应在中温即可杀灭酵母菌，可不知为何，在青啤包装车间 72 摄氏度的高温都杀不死。当时的工人们不断查阅资料、化验分析、在包装车间爬上爬下，终于查清了原因——原来是酵母变性造成的，这也成为解决保质期问题的一大关键。

虽然开发延长保质期的技术是一个庞大烦琐的工程，但一心想着保卫国家和企业荣誉的青啤人无惧困难，他们在找到突破口的瞬间倍感兴奋，立刻投身到了技术研发的工作中。吴赓永带着当时的技术工人，没日没夜泡在啤酒

◎小贴士

吴赓永：高级工程师，酿酒大师，新中国成立后历任青岛啤酒厂车间主任、科长、副厂长兼总工程师、党委副书记等职。吴赓永曾带领工人们经过大量的科学试验，总结了青岛啤酒工艺和操作方法，使青岛啤酒进入国际市场，跨入世界名牌啤酒行列，并被选为我国啤酒行业的驰名商标。20 世纪 60 年代他主持完成了延长啤酒保质期的研究，使青岛啤酒保质期从两个月延长到六个月以上。70 年代末，他主持完成了缩短出口酒酒龄的研究，改革了青岛啤酒的传统工艺，大大提高了设备利用率和经济效益。80 年代，他主持完成了延长啤酒保鲜期的研究，使远销啤酒仍能保持新鲜的口感；此外还主持完成了青岛啤酒厂的扩建改造工程和青岛啤酒二厂、广东省深圳金威啤酒厂的新建工程，以及相关工艺设备的选型。他曾参加编写《啤酒生产的化学与生物检查》，与他人合著《啤酒酿造基础知识》。

酵母的发酵池中，经过几万次试验分析，终于培养出优质酵母菌！于是麦香浓郁、口味醇正、泡沫洁白细腻，保质期长的青岛啤酒终于诞生了！青岛啤酒凭借此成果，产品的质量水平一跃提升到了国际同行的前列，并一举击败“三马头”，赢得了“国啤保卫战”的全面胜利，成功占领了香港市场，打了一场漂亮的翻身仗。

由于保质期的延长，青岛啤酒也被送上飞机、轮船，行销到更远的美国、欧洲等世界各地。从大批出口香港开始，青岛啤酒逐渐走向国际市场，越来越为国内外消费者所推崇，跨入了世界名酒的行列，开启了国际市场化道路。

青岛啤酒这场贸易保卫战的胜利，不仅让其在香港市场“无人可敌”，市场销量和口碑都提升了一大截，同时为国产品牌的国际化建设打下了牢固的基础。对于青岛啤酒自身而言，这更是一个里程碑式的发展转折，危难之际，彰显了青啤人坚强的意志、过硬的技术水平和对品牌、对国家的忠诚、热爱。

经过这次贸易保卫战，青岛啤酒在品质和研发技术等方面得到了全面的优化提升。1959 年提高前发酵温度实验成功，1966 年自制杀菌喷淋机，开发后发酵工艺等，无不极大促进了产量与效益的提升。在自我发展的同时，青岛啤酒厂还无私地援助兄弟省市啤酒业的发展，陆续派出百余名工程技术人员分赴全国各地支援建设啤酒厂，有效配合了国民经济整体布局的需要。随着青岛啤酒的酿造工艺日臻成熟，啤酒质量有了很大提高。1963 年，在第二届全国评酒会上，青岛啤酒荣获国家轻工业部颁发的金质奖，并成为唯一入选“国家名酒”的啤酒类产品。

1964 年，在中国大地上叫响了一些至今仍耳熟能详的口号，如“工业学大庆”“农业学大寨”，同年我国提出了实现四个现代化的宏伟目标。在众多的号召中，1964 年轻工业部在唐山召开的全国第五次酿酒会议上提出了“全国啤酒行业学青岛”的口号，“全国学青岛”蔚然成风，成为当时中国啤酒行业的一个主题，推动了中国啤酒行业生产力的发展，极大地提高了中国啤酒酿造的整体水平。

◎小贴士

全国评酒会：中国酒类评选历程中具有里程碑式意义的评选会议。截至笔者写作时，新中国共进行了五次国家级的名酒评选活动，其主要目的是推动技术进步，提高酒的质量。青岛啤酒参与了 1963 年第二届全国评酒会的评选，此次评选共评出全国名酒 18 种，全国优质酒 27 种。经过基层认真选拔，当时全国共推荐了 196 种酒参赛。样酒采取密码编号，评委并不知道自己喝的是哪种酒。品评时由评酒委员独立思考，按酒的色、香、味打分并写评语，进行分组淘汰。经过初赛、复赛和决赛，最终按得分多少择优推荐。

1963 年全国评酒会上青岛啤酒荣获金质奖

1985 年 12 月，由国家质量奖审定委员会批准，青岛啤酒荣获金质奖章

青岛啤酒服务全国，在全国立起一面大旗，在民族化进程中走出了独有的特色道路。

同年，国家轻工业部把青岛啤酒的酿造经验总结提炼为《青岛啤酒操作法》。该操作法被概括为“四严、四低、一高”，也就是“原料严、配方严、操作严、卫生严；发芽温度低、发酵温度低、原料消耗低、成本低；啤酒质量高。”

“四严、四低、一高”一经提出，立刻引起了啤酒行业的极大轰动，不但在全国啤酒行业大范围推广，而且被定为当时中国啤酒工业加强质量管理和提高技术水平的标准指南，一直沿用至今。青岛啤酒的贡献让中国啤酒行业从此上了一个大台阶，实质性促进了新中国啤酒工业整体水平的提高，标志着青岛啤酒在工艺技术层面已经实现了民族化的要求。

这本《青岛啤酒操作法》是青岛啤酒为世人留下的一部行业宝典，作为青岛啤酒发展史上必不可少的珍稀文物，陈列在青岛啤酒博物馆历史文化展厅中，诉说着当年虽然艰难却屡创辉煌的时代

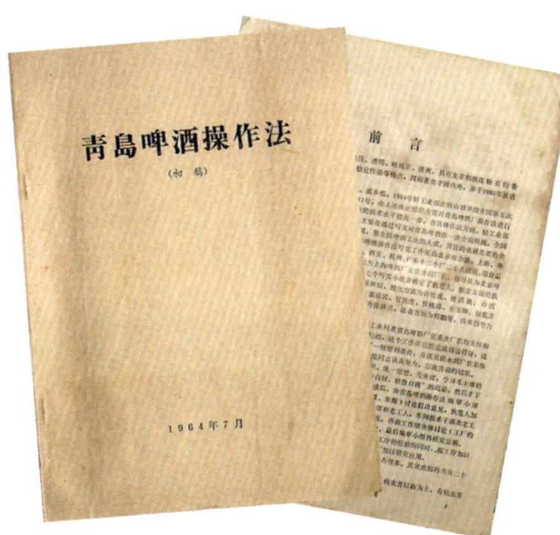

1964 年《青岛啤酒操作法》

故事……

如今的中国啤酒行业，其产量已经连续多年位居世界第一，且在国际市场上越走越快，正在实现啤酒业一代宗师吴赓永先生一生的心愿：让所有喜欢青岛啤酒的朋友，都能喝到口味统一、麦香纯正的啤酒，让中国啤酒走出国门，征服世界。

十 几经波折——青岛啤酒经典酒标的诞生

随着国内外贸易市场的不断拓宽，青岛啤酒作为中国啤酒文化和青岛城市文化的代名词，走进了更多人的视野。来自国内外的消费者被它浓郁的口感、欢聚的魅力所吸引，更多人爱上青岛啤酒，想要去了解、探索它的秘密。那么如何让大家更加清晰、直观地通过外观了解青岛啤酒最全的产品信息，成了啤酒展示的全新问题。

很多人会有疑问，什么能够最直观地凝结青岛啤酒百年发展历程呢？笔者认为，非酒标莫属，酒标的演变展现了青岛啤酒内涵的演变。青岛啤酒是如何打造第一印象的？这也要从青岛啤酒酒标的发展故事开始说起。

何谓酒标？简而言之，就是贴在或印在酒瓶上的标签。早期酒标多取长方形，后来则多取椭圆形，都坚守着小巧玲珑的法度。显而易见，酒标确是一种小中见大的东西，言其小，指的是尺寸小；言其大，则是指对于产品文化精髓的包容以及由此而产生的艺术质感。酒标在显示品牌的本质诉求和精神品质方面，作用极大，值得玩味和深究的地方颇多。

广告可付诸想象的成分更多，而酒标更显内敛，直接呈现品牌最精粹的部分，两者异曲同工，殊途同归。广告与酒标，宛若一物两形，虽有大小之分，却无神形之异，渊源所出与意旨所归都是共通的，都在宣示产品的价值与风范。我们现在所看到的广告，花样迭出、形式丰富，融注无数的高科技元素。而酒标，始终维持着方寸天地，在最小幅度与至深内涵之间，演变成一种无形资产，凝缩着的既是产品的物质特性，亦是其精神价值，而且还具有更特殊的景深，往往可折射出一物、一地乃至一国的历史文化风貌。

青岛啤酒的酒标发展经历了漫长的更替和演变，同历史发展的背景一脉相承。早期的酒标元素丰富、色彩对比强烈，吸取了欧洲传统艺术的样式风格。1903 年日耳曼尼亚啤酒公司青岛股份公司创立，直到 1916 年易手日本人为止的这一段岁月，一直使用“Tsingtao Beer”（青岛啤酒）商标，其图案具有鲜明的德国文化色彩，可以看到诸如鹰、狮子等非常德国化的元素，无非是要宣示这是出自德国殖民统治下的产品，投射着德国人梦寐以求的所谓海

青岛啤酒厂建厂初期的酒标

外模范殖民地的城市理想。“Tsingtao”和北京大学（Peking University）英文名称中的 Peking 一样，采用的是“邮政拼音”。这是 20 世纪上半叶西方国家拼写中国地名时最常用的系统。1906 年获得慕尼黑国际啤酒博览会金奖时传誉世界的“Tsingtao Beer”样式酒标就是那时期的典型代表。

日本经营时期，青岛啤酒的酒标更是被改得五花八门，先后使用过“朝日”“麒麟”“札幌”“万字”“福寿”等多种酒标，酒标的内容也发生了很大变化，与德国时期相比，不仅是名称不同，主题元素也大异其趣，鹰、狮子等元素换成麒麟就是典例，东方文化的痕迹显现了出来。

日本人显然更了解中国消费者的喜好，酒标中的东方文化元素相比德国人的欧洲文化符号，也许更容易被中国消费者理解。

无论是德国时期还是日本时期，酒标都具有很浓厚的异国色彩，蕴含着强烈的政治意图，但酒的内质并未发生真正的变化，这与青岛啤酒的历史发展脉络息息相关。然而，酒标的频繁更迭无可避免地对品牌产生了很大的影响，

◎小贴士

邮政拼音：邮政拼音（Postal Spelling System）是清末到1958年汉语拼音方案公布实施前，邮电部门用来拼写中国地名（邮政局所名称）的一套罗马（拉丁）字母拼音方案，又称“邮政制（式）罗马拼音”“罗马字邮政（电）拼音”等。邮政拼音基本上以翟理斯所编《华英字典》中的拉丁字母拼写法为依据。民国时期以邮政总局驻沪供应处（股）出版的*LIST OF POST OFFICES*（《邮政局所汇编》）中邮政制罗马拼音作为拼写中国地名的标准，用于邮电部门、海关、各种出版物及地图等涉及中国地名的拼写，被使用拉丁字母的各国所采用，在国内和国际上产生过深远的影响。1958年汉语拼音方案公布实施后，特别是其成为世界文献工作中拼写有关中国专用名词和词语的国际标准ISO 7098后，用汉语拼音拼写中国地名逐渐取代了邮政拼音。

20 世纪 50 年代的小青岛灯塔酒标

因此在国营时期，酒标开始逐渐统一起来，青岛啤酒经典酒标应运而生。

1945 年抗战胜利后，青岛啤酒回到国人手中，自此开始进入民族化时期，商标复归于“青岛牌”唯一标识，图案上最显著的特征是采用灯塔为核心构成要素，其原型就是小青岛灯塔。小青岛灯塔位于青岛湾内的小青岛上，始建于 1900 年，是亚洲著名的航标塔，更是船只进出青岛港的重要航标，登临其上，可以将青岛前海的风韵尽收眼底，感受天然环境与历史文化相融合，以它为酒标的主要内容，其内涵自然是不言而喻。

回归之初，啤酒厂由当时的国民党敌伪产业处理局接管，处在战后的恢复时期，所用的酒标很简陋，图案、设色都较为简单，为临时所用。1948 年，接管啤酒厂的齐

国民党经营时期青岛啤酒厂的商标

鲁企业股份有限公司在青沪两地报刊上发布了一条黑啤酒标征集启事，这是真正意义上第一次将酒标的设计概念带入人民的生活中。这条征集启事的具体内容如下：“（一）图案定为彩色椭圆形，须明显华丽高贵新颖，并须与黑色及咖啡色瓶色泽调和。（二）应征者自即日起将应征图样及应征印花，直寄上海四川中路 668 号八楼本公司上海办事处或青岛中山路 82 号本公司营业处。（三）应征函件自即日起至 7 月 31 日截止，外埠概以邮戳为凭。（四）应征稿件经本公司审查后，当选第一名者独致酬金二亿元；当选第二名者，独致酬金六千万元；当选第三名、第四名者各致酬金两千万元。（五）揭晓日期，定于 8 月 15 日，在上海及青岛各大报纸同时发表当选图样及当选作者姓名。”征选之初便造成轰动，引起了当时社会对于新酒标形象的关注。

新中国成立后的一段时间，酒标图案仍为灯塔，但色调及风格有所更新。1958 年，有香港代理商建议更新青岛啤酒酒标。20 世纪 60 年代，回澜阁酒标开始酝酿使用。1979 年，回澜阁商标正式注册，相关的椭圆形回澜阁酒标问世，在以后的四分之一个世纪里，虽然局部有所微调，但商标图案、文字标识及色泽等要素基本稳定下来了。

中国人设计建造的传统风格建筑回澜阁，取代德国人所建小青岛灯塔成为酒标原型，势所必然，与民族化的历史进程相一致，展示了“民族瑰宝”的精神内涵。这可理

◎小贴士

回澜阁：位于青岛市市南区海滨栈桥的尽头，是一个二层的小亭子，与小青岛隔水相望，北端与中山路连成一条直线，被视为青岛的重要标志。1892 年，清政府青岛驻军搭起了一座铁木结构、以木铺面的栈桥，作为海军码头，专供装卸军用物资之用。德国侵占青岛后，对栈桥加以改建，并在桥上铺设了轻便铁轨，专事运输由德国运来的军需物资。大港码头建成后，栈桥遂向市民开放。1931 年，国民党青岛市政府为适应旅游需要，投资 25.8 万元将其重建，全部改用水泥铺面，并设有排水设备，桥南端增建半圆形防波堤，堤上新建一座中国传统风格的双层飞檐八角亭阁，定名“回澜阁”。阁顶覆以黄色琉璃瓦，四周有 24 根圆形亭柱。阁内为二层圆球形厅堂，中央有 34 级螺旋式阶梯，可回旋登上二楼。1984 年，青岛市人民政府组织力量对栈桥进行了全面整修。1992 年 1 月 16 日，青岛市人民政府公布回澜阁为市级重点文物保护单位。

解为文化的自我认同，地域精神得到彰显。同时，亦与全球酒标惯例一致，纵观啤酒名品，其酒标无不以地域精神为特征，着力塑造文化符号上的唯一性，而唯一性恰恰是文化融合的动因。正所谓“只有民族的才是世界的”，说的就是这个道理。

自起用灯塔酒标开始，纳入了本地代表性景观，到回澜阁这一纯民族化建筑的化用，原产地的文化归属得以澄明，标志着世界唯一的青岛啤酒走向真正的文化自觉。此前，青岛啤酒酒标几经变化无法统一，这不仅不利于品牌，还不利于当时背景下的资本凝聚。采用回澜阁样式以后，那典雅而灵动的海上名阁集结了地域精神、传统文化与海洋意识等多重内涵，很好地提炼了青岛啤酒的文化精髓，

1979—2004 年期间青岛啤酒商标

2004—2014 年青岛啤酒商标

不仅凝聚了品牌的力量，还为海上名阁增添了人文感知的魅力。

青岛啤酒在新百年伊始，开始启用新版 LOGO（标识），改版后的 LOGO 依旧以回澜阁为核心图案，继承传统，演化新生，一系列含有新 LOGO 的酒标也随之诞生，呈现出酒标艺术的丰富性和多元化。这也标志着经历了百年历程后的青岛啤酒正以全新的形象迈向国际化的新征程。

由此可见，青岛啤酒的酒标不仅涵盖了啤酒的基本信息，还凝聚着产品的艺术质感，往往能够折射出一地乃至一国的人文、地理及社会风貌，透露时代变迁的轨迹，浓缩着丰富的历史文化背景和精神内涵。一个酒标就是一个文化聚焦点，这是我们审视酒标的一个重要维度。于是，那些被漫漫时光所浸染的老酒标，逐渐摆脱了实用价值，默默地诉说着文化的故事。

十一　新中国成立后——国营环境下青岛啤酒一票难求

1949 年 6 月 2 日青岛解放，青岛啤酒厂由青岛市人民政府接管，更名为“国营青岛啤酒厂”。新起点下，民族化的全新进程也从此开始，青岛啤酒在全新的时代背景下，呈现出自力更生、奋发图强的时代特征。

国营阶段，青岛啤酒一票难求

在新中国的地平线上，青岛啤酒的工作人员怀着极高的热情和极大的动力投身到了技术攻关、啤酒生产中。1950 年 10 月 1 日，青岛人民为欢庆中华人民共和国第一个国庆节，开展大规模的庆祝游行活动，青岛啤酒厂的工人热情洋溢、兴致高昂，高举“青岛啤酒”四个大字，走在欢庆队伍最前列，青岛啤酒厂当时的社会地位显而易见。

20 世纪 50 年代初，青岛啤酒厂工人们工作的场景

那时候的工人们以能够参与生产青岛啤酒为骄傲，每天的工作都是在幸福的氛围中进行的。青岛啤酒成为他们生活中必不可少的一部分，最深沉的快乐永远属于那些普通的劳动者，啤酒带来了生活的希望、快乐和不竭的动力。

青岛啤酒取得的荣耀凝聚着众人的心血，全体青啤人共同享有这份荣耀。技术工人、装酒工人、运输工人……青岛啤酒的全体员工共同见证了奋斗的历程，共同谱写了时代的赞歌，这无疑是新中国成立初期背景下青岛啤酒文化的一笔宝贵财富。

工人伟大和劳动光荣的观念是青岛啤酒的文化细胞之一，热爱劳动，热衷于发明创造，不断为企业的发展壮大贡献金点子，在劳动中实现对于企业、社会和国家的责任，这已经成为每一个青啤人的共识。民族化时代的初期，没有大家的劳动与奉献，就没有青岛啤酒的今天。当时，青啤工人都担负着双重使命，一是不断培固青岛啤酒的文化能量，二是不断克服文化负资产。如此，方可使这棵文化之树生机勃勃，让惰性、保守和粗糙远离我们，让创新思维和科学精神体现在每一天，也让劳动变得更精细、更快乐、更具进取意义。

新中国成立之初，啤酒“灵魂味道”的来源啤酒花仍然依赖从美国进口，价格很高，青岛啤酒厂因此决心自行培育。1950 年，青岛啤酒厂的工人们在青岛李村培育出了优质的“青岛大花”品种，后又在这里建立了中国第一家啤酒花种植基地，从此结束了啤酒花长期依赖进口的被动局面，现在中国啤酒行业使用的啤酒花大部分都是青岛大花。随着啤酒花的自给，青岛啤酒终于实现了本土化发展。与此同时，随着民族化经营的不断发展，青岛啤酒出现了国营经

啤酒花种植基地宣传图

济下“一票难求”的状况。

由于青岛啤酒厂和美口酒厂原系官僚资本，新中国成立后便被政府接管。在解放初期，政府对酒类实行了专酿专卖管理，由国营商业组织购销，取缔私酿，酒类货源由市专卖公司供应，零售商须经政府有关部门批准登记并发给执照和承销手册后方可营业。这种政策有效地控制了粮食的合理消费，保证了国家的税收和市场的稳定。

◎**小贴士**

青岛大花：啤酒花的一个品种。啤酒花是一种绿色的攀藤开花植物，其主要作用是增加苦味以平衡麦芽的甜味，增加口感和香味，延长啤酒保质期，增强稳定性。不同啤酒花的区别主要在于阿尔法酸的含量，以及各自特有的香味。青岛大花为我国啤酒花主栽品种，其花体呈圆柱形，球果包合松、产量高，具有均衡的苦味和柔和的香味，大多作为苦花于熬煮时使用，适合酿制拉格、世涛、波特啤酒。该啤酒花诞生的历史大致如下：新中国成立后，为了摆脱啤酒花原料依赖进口外国的被动局面，青岛啤酒厂在青岛市郊崂山县李村创建了啤酒花生产试验场，经过技术攻关，在原先引进自美国的克拉斯特啤酒花的基础上，培育出了适合于工厂生产的优良品种“青岛大花”，并被全国推广种植。自此结束了我国啤酒花长期依赖进口的被动局面，并为二十世纪七十年代以后中国西北地区大规模发展啤酒花生产奠定了基础。

起初，由于市民还不习惯饮用啤酒，且青岛啤酒未打入国际市场，所以供过于求。20 世纪 60 年代以后，出口逐步增多，人民消费习惯也发生了变化，货源趋紧。计划经济时期，在普通的酒店和商场里根本见不到青岛啤酒，想买青岛啤酒需要凭介绍信和酒票。1970 年以后，国庆、春节两大节日凭证按每户 5 瓶定量供应。生啤酒则敞开供应，时断时续。据史料记载，即使是当时的青岛市人民政府也不例外。青岛市人民政府为钓鱼台国宾馆购买 100 箱青岛啤酒，可谓大费周折，托人排队，多番联系沟通，最终才开具了介绍信，该介绍信现在已成为时代背景下青岛啤酒的价值见证，成为珍贵的历史文物，珍藏在青岛啤酒博物馆内。

严守质量，一丝一毫不松懈

时代在变迁，青岛啤酒在历史进程中不断适应、不断改变，而唯一未变的就是青岛啤酒对于品质的极高追求。“文革”时期，很多厂子都已经停工了，而青岛啤酒厂仍维持着生产秩序，对品质的追求丝毫没有放松。在青啤，品质是超越一切的“圣经”。对品质的追求，就如吃饭穿衣一般自然，丝毫不用强制。

关于质量，有一件事让历代青啤人引以为戒，无论何时都将“把好质量关”放在生产的首位，那就是“毛刷事件”。1978 年 10 月，当时部分员工的质量意识薄弱，再加上设备陈旧落后，导致在一瓶出口到香港的啤酒中竟然发现一只用来清洗酒瓶的毛刷，此事在香港引起了轩然大波。

毛刷事件以最快的速度被报告给了中共中央、国务院。当时的国家领导人批示建议青岛啤酒厂停产整顿，限期改进，国务院还专门召开办公会，研究青岛啤酒的质量问题。1979 年 4 月 10 日，经部、省、市三级联合验收组严格验收后，青岛啤酒的生产才得以恢复，因此这一天被定为青岛啤酒的“提高质量纪念日。”

此次毛刷事件后，质量一直牢记在每个青啤人的心里。每年的 4 月是青啤的质量月，几十年来，青啤人一直坚持用各种形式铭记青岛啤酒质量历程，坚持用良心酿酒，再未出过质量事故。毛刷事件过后，青岛啤酒的质量也一直保持高水准的稳定，几乎囊括了国内所有啤酒行业金奖，并赢得众多国际大奖。

青啤人的座右铭是“好人酿好酒”，其中的“好人”，指的是严格谨慎、诚实守信的人。青啤人愿做一世的“好人”，用信仰坚守那份珍贵品质。这份品质历久弥新，代代相传。青岛啤酒坚守“好人酿好酒”的质量理念，努力为消费者提供安全、健康的优质啤酒。

打开视野，民族化开启新纪元

1978 年作为中国改革开放的元年而永载史册。中国以前所未有的姿态，迎接世界的目光。无论对于整个中国，还是对于中国的青岛，抑或对于中国的青岛啤酒来说，都意味着新的希望与新的生机。

随着青岛成为中国面向世界的一个桥头堡，青岛啤酒也开始了改革开放的新航程。在“实现四个现代化”这一伟大梦想的征程中，在新的历史地平线下，青岛啤酒的民族化视野空前开阔，以面向世界、面向未来的姿态提升着民族化的境界，这是有别于前期的一个显著特征。

党的十一届三中全会提出改革开放政策，随之而来大规模的技术改造给青岛啤酒厂的发展注入了新的活力，1978 年青岛啤酒出口量占全国啤酒行业出口量的 98%。1979 年，厂领导向叶剑英元帅汇报青岛啤酒的发展前景规划，总工程师吴赓永介绍道：“青岛啤酒今年被评为国家名酒，荣获啤酒行业唯一的银质奖章。”叶帅听了十分高兴，兴致勃勃地挥笔赋诗：“天下论英雄，啤酒何须煮。争取得金牌，更上一楼去。”随后的 1980 年，青岛啤酒就获得原国家工商行政管理总局颁发的国家驰名商标称号，也实现了叶帅“更上一楼去”的要求。

1982 年，遵照政府规定，国营商业企业将经销任务移

1987 年青岛啤酒荣获美国密西西比州国际啤酒评比会金质奖

交啤酒厂，由其自产自销。青岛啤酒在充分吸纳世界先进技术与生产经验的基础上实现了产业升级，生产环境不断完善，生产设备开始全面现代化，分别从日本和联邦德国引进了听装生产线和大瓶装生产线，1986 年啤酒产量率先突破 10 万吨；随后逐年攀升，并远销世界 30 多个国家和地区。1987 年底，中外合资的青岛啤酒第二有限公司开始建设，此后又陆续兴建了青岛啤酒四厂和青岛啤酒麦芽厂，预示着啤酒领域多元化时代即将来临。与此同时，青岛啤酒多次荣获国家质量评比金奖，并三次在美国国际啤酒评比会上夺魁，为国家和民族赢得了盛誉。属于青岛啤酒的新征程，也就此拉开了序幕……

十二 青岛啤酒海外“奇缘”——好品质享誉世界

人们常说，青岛啤酒和西湖龙井是中国在世界真正叫得响的两大名牌。对于很多国际友人而言，认识青岛这座城市是源于青岛啤酒，了解中国文化也是因为青岛啤酒，自 1906 年在慕尼黑国际啤酒博览会上折桂而归，青岛啤酒就揭开了其驰名中外的辉煌历程的序幕。

回顾二十世纪初，啤酒初入青岛时，老百姓虽感好奇，但无甚好感，而海外则不同，青岛啤酒初上市便一举夺魁，引起了海外市场的极大关注，这也折射出了当时的文化冲突现象。提到中西文化的冲突与融合，就不得不提“啤酒”这一名称的由来。

说起来很有意思，我们知道，“Beer”这一舶来品初入中国的时候，曾译称“皮酒”，在 1909 年的手绘青岛全图上，就将啤酒公司标为“皮酒公司”，说明那个时候，还未有“啤酒”一词的行世。

关于“啤酒”这个词，有人说是青岛人创造的，并在青岛首先流行起来，随后即在全国广为流行并约定俗成。西方的“Beer”登陆青岛二十余年后，“啤酒”一词在当地已被普遍使用。1928年的《胶澳志》中即有“麦酒，俗呼啤酒”的记载。

“啤酒”一词是谁发明的其实并不重要，重要的是该词的历史价值。“啤”按照中国人命名事物的习惯，以“口”作为左偏旁，再加上“脾”的右半边，一则谐音，一则贴切，准确地把握到这种饮品沁人心脾的特性，且没有脱离“beer”的原始音译，国人造出“啤”这个亘古未见的汉字来指称这种入口清爽的饮品，于是“脾酒”也就顺理成章地演变成了“啤酒”。无疑，这灵光一闪具有语言学上的创始价值，天下皆称“beer”为“啤酒”，而青岛啤酒实属啤酒中的上品。

关于青岛啤酒的海外趣味故事有很多，最为著名的便是青岛啤酒的“大咖”级海外传播使者们的故事。

1975年，美国著名智库之一“布鲁金斯学会”的一名学员，因将一台微型录音机成功地推销给当时的总统尼克松，获得了刻有“最伟大推销员”字样的金靴，而在此后的26年内再没人能获此殊荣。直到2001年，一位名叫乔治·赫伯特的推销员，将一把斧头出售给了小布什总统，从而打破了封存26年的销售传奇，获得金靴。在这两个

1982 年，美国前总统尼克松在杭州开往上海的火车上

故事中，向总统推销商品似乎成了顶尖推销员的极限挑战。不过，你能想象总统当一名普通啤酒“推销员”的样子吗？20 世纪 80 年代初，一列杭州开往上海的列车上就出现了这样的一幕。

1982 年，为了庆祝中美《上海公报》签署十周年，美国前总统尼克松来到中国。在列车上，尼克松即兴客串了一把青岛啤酒的“推销员”，他左手搭着一条毛巾，右手提着装满了青岛啤酒的篮子，并将啤酒“推销”给随行记者，颇有专业推销员的架势。尼克松的这一举动，让周围所有人印象深刻。青岛啤酒缘何得到尼克松如此青睐，令其甘当“推销员”？

其实，尼克松早与青岛啤酒结下了不解之缘。1972年2月，尼克松访华，开启中美关系破冰之旅，尼克松总统在机场受到了周恩来总理的迎接，当晚周恩来总理在人民大会堂举行盛大国宴，欢迎尼克松及其夫人。30多年后，“中美破冰第一宴菜单”被披露，青岛啤酒当时被选为该宴会指定啤酒，用来款待这位第一位访问中国的美国总统。中美关系破冰后，一些嗅觉灵敏的美国商人随即就把来自中国的青岛啤酒带入美国市场。1972年，青岛啤酒首次进入美国市场。

在美国人的印象中，青岛啤酒和中国早已根深蒂固地联系在了一起，在很长一段时间里，提起中国产品，首先想到的往往就是青岛啤酒。回溯到1978年，青岛啤酒正式打入美国市场，引起了消费者的极大好奇，被视为来自遥远中国的美好信使。面对这个显得神秘莫测的东方大国，许多美国人正是从青岛啤酒中读出了中国之韵味，他们喜欢把青岛啤酒当作中国的一个形象代表，并赋予其中美友好象征的含义。很多年间，在美国超市的货架上，青岛啤酒总是摆在显赫的位置，是最容易找到的中国产品，有时甚至是唯一可以见到的中国产品。

提及1978年开始的改革开放，一进一出两个品牌经常被相提并论，那就是“青岛啤酒”和“可口可乐”。一定程度上来说，青岛啤酒与可口可乐同为中美两国经贸交流的重要见证者。1978 年中国开始改革开放，青岛啤酒正式进入美国市场，由美国的莫纳克公司作为青岛啤酒的总代理，当年销售量为 2 万箱。与此对应，1978 年 12 月 13 日，撤离近 30 年后的可口可乐重返中国内地市场，成为第一家在改革开放后进入中国内地的外企。就在其后的第三天，也就是 12 月 16 日，中美双方发表《中美建交公报》，宣布 1979 年 1 月 1 日中美正式建交。自此之后，美国白宫就有了用青岛啤酒招待来访中国领导人的传统。

谁也没有想到，“初出茅庐”的青岛啤酒，在众多国外品牌激烈竞争的美国市场上，凭借其超高的品质和独特的风味，一举打开了在美国的销售市场，并在美国五十个州建立了强大的销售网络，进入了中国餐馆以及美国人开办的连锁饭店和超级市场。在 1978 至 1988 年最初的十年间，青岛啤酒在美国市场的年销量由 2 万箱增长到 125 万箱，让许多国外啤酒品牌感到不可思议。尤其值得一提的是，青岛啤酒曾于 1981、1985、1987 年三次扬威美国国际啤酒评比会，荣登冠军宝座，被誉为“啤酒皇后”。

评比会面向美国市场上数百种在售啤酒展开，啤酒样品从终端随意抽取，并在不记名的情况下由权威专家和普通消费者共同评定，随机性和权威性都非常强。青岛啤酒能在其中拔得头筹，并三度跻身榜首，代表中国啤酒登上至高的领奖台，的确让人意想不到。时至今日，青岛啤酒

青岛啤酒在美国拉斯维加斯的广告

进驻美国市场已超过40年，从唐人街到其他主流销售市场，超市、商店、酒吧、餐厅都能看到青岛啤酒的身影。尽管是美国售价最高的啤酒之一，但青岛啤酒却一举打破美国380种进口啤酒中销售量增长速度最快的纪录，成为美国市场上销量最高的亚洲啤酒品牌。

尼克松总统在列车上为青岛啤酒当“推销员”，虽然只是即兴之举，但却充分彰显了青岛啤酒在美国市场的强势影响力，也昭示着青岛啤酒在中国品牌中无可撼动的代表地位。

作为新中国最早的出口商品之一，青岛啤酒以无懈可击的产品质量让世界看到了中国商品的崛起和腾飞，她所展现的金牌品质，极大地提升了中国商品在国际社会的美誉度。不仅重振了一个古老民族的自信，也为更多国货走向世界奠定了坚实基础，在吸引更多海外友人开始关注中国的同时，也点燃了他们渴望了解中国的激情。

一位香港特区政府官员曾如此表述：“外国人认识中国通常有两种途径，一个是通过孔子，另一个途径就是通过青岛啤酒。”如今，风靡全球百年的青岛啤酒依然经久不衰，以家喻户晓的品牌美誉和增长惊人的销售业绩成为全球通行的中国文化符号。在历经世纪沧桑和无数辉煌后，这个国际著名啤酒厂商开始酝酿它的下一个百年激情，作为工业遗产文明的代表，青岛啤酒厂已经成为城市味道、国家记忆中韵味深长的一部分，接下来，要让青岛啤酒的中国味道在世界的每一个角落弥久飘香！

十三　新时期——青岛啤酒厂国际化新征程

驰名中外的品牌认同，是百年工业遗产所带来的文化优势，彰显着无可替代的精神魅力，也印证着历史与时代的共同价值。近半个世纪的民族化进程，青岛啤酒获得了自觉自为的特有文化个性，收获了民族瑰宝的历史荣耀。经历了民族化的历史进程，青岛啤酒也已然成长为中国啤酒第一品牌，1991年9月19日，荣膺首批“中国驰名商标”，标志着青岛啤酒的民族化内涵已基本完成。

股份制改造——向现代企业制度转型

历史本身或是财富，也可能是包袱，民族化的全面完成，意味着国际化进程的规划提上了议程。大浪淘沙，不进则退，如何适应市场经济时代的潮流，俨然成为青岛啤酒转型的历史性课题。

1992 年邓小平南方谈话引发改革开放的时代思潮，新的理念“来势汹汹”，为国营企业带来了新的发展思路，如果不能探索出一条与时代相吻合的新的发展模式，那么历史和文化的能量将失去依托，失去不断发展完善的可能。因此，如何让民族产业荣光持续生辉，如何创新啤酒工艺内涵，让啤酒产业得以长青，成了新的话题。

1993 年企业的股份制改造，是青岛啤酒发展史上的分水岭，这个分水岭把青啤的历史一分为二，之前是“旧青啤”，之后是“新青啤”。“旧青啤”更多地显示出自然状态，在历史的长河中顺流而下，随遇而安，适应、跟随时代发展的成分居多，自己主动去改变运行轨迹的时候很少；而在“新青啤”阶段则不同，往往是青岛啤酒在不断变化的环境中审时度势，抓住机遇，直面挑战。

从股份制改造开始，青岛啤酒迈开了向现代企业制度转型的步伐，也揭开了新的国际化序幕。所谓“新”，便是主动，有别于旧的被动的国际化，这一次是青岛啤酒作为中国企业的代表，开始了“走出去”的主动国际化。

“走出去”的核心主题就是战略转型。1993 年青岛啤酒抓住了历史性机遇，跻身全国首批九家规范化股份制试点的国有企业之列，实施了全面的股份制改造。同年 6 月 11 日，青岛啤酒股份有限公司正式成立。一个月后的 7 月

15 日，青岛啤酒 H 股在香港联交所挂牌上市。青岛啤酒是中国内地第一家改革开放之后在境外上市发行股票的企业，这张股票具有划时代的意义，表明中国内地企业重新进入国际资本市场。据说从香港联交所成立那天起，绝大多数公司上市都是开香槟酒庆祝，唯独青岛啤酒上市这一次，开的是青岛啤酒！同年 8 月 27 日，青岛啤酒 A 股又在上海证券交易所挂牌上市。青岛啤酒厂在新时期率先描绘了一幅国际化的起步图景，这是一个里程碑，标志着新的国际化时代已经来临，而转型的效力将在以后的岁月中不断显现出来。

CERTIFICATE NUMBER
214950
NUMBER OF H SHARES

The registered share capital of the Company is RMB900,000,000 divided into 553,150,000 A Shares of RMB1.00 nominal value each and 346,850,000 H Shares of RMB1.00 nominal value each, such A Shares and such H Shares having identical voting rights at general meetings of the Company save in respect of any resolution varying or abrogating any of the rights conferred on the holders of A Shares only or, as the case may be, on the holders of H Shares only.

SINCE 1903

青島啤酒股份有限公司

TSINGTAO BREWERY COMPANY LIMITED

CERTIFICATE FOR H SHARES

This is to certify that the under-mentioned person(s) is/are the registered holder(s) of fully paid H Shares of nominal value Renminbi 1.00 each as detailed below in the capital of the Company, subject to the Articles of Association of the Company.

FOLIO NO.	SHAREHOLDER(S)	CERTIFICATE NUMBER	TRANSFER/ ALLOTMENT NUMBER	DATE (DAY-MON-YR)	NUMBER OF H SHARES
	HKSCC REGISTRARS LIMITED SPECIMEN ONLY				

Given under the Securities Seal of the Company on the date stated above.

CHAIRMAN OF THE BOARD OF DIRECTORS

第一张青岛啤酒 H 股股票

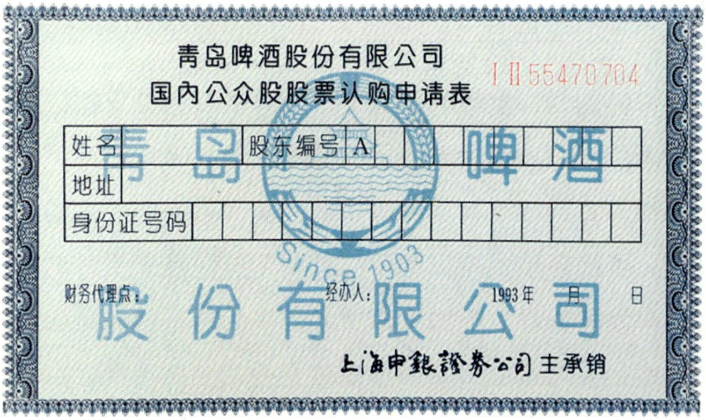

青岛啤酒股份有限公司
国内公众股股票认购申请表

I B 55470704

姓名		股东编号	A
地址			
身份证号码			

财务代理点： 经办人： 1993年 月 日

上海申银证券公司主承销

1993 年青岛啤酒股份有限公司 A 股股票认购申请表

上市不仅有助于青岛啤酒形成有效法人治理结构，使其后来再次脱胎换骨成为可能，还使其获得了实现可持续发展的坚实基础。从当时青岛啤酒的股权结构来看，它以投资主体多元化、股权相互制衡为目标进行设置，上市后的公司总股本为 9 亿股，其中国有股为 39978 万股，占 44.42%，H 股为 34685 万股，约占 38.54%，法人股约占 5.93%，A 股流通股约占 11.11%。由于在 2001 年 2 月公司增发了 1 亿股 A 股，总股本达到 10 亿股，国有股比重降为约 39.98%，外资股比重降为约 34.69%，法人股比重降为约 5.33%，而 A 股流通股比重则升至约 20%。这样，既实现了公司投资结构的多元化和国际化，又在保持国有股的相对控股地位的同时，避免了一股独大所带来的种种弊端。

做大做强——“大名牌发展战略”黄金期

遗憾的是，上市后的青岛啤酒并没有充分发挥国际化所带来的优势。作为老“国字号”的青岛啤酒积淀下了诸多弊端。直到改革开放的脚步已经全面推进到了市场经济时期，青啤还依然难以卸下“计划”的包袱。当时的管理者及时发现，青岛啤酒上市所要解决的绝不仅仅是融资问题，而是要通过上市实质性推进企业的全面转型，也就是说，上市是转型的初步结果，也是转型的内在动力。

因此，在基本完成了股份制改造之后，青岛啤酒便着手解决企业规模不大的问题，提出了“做大做强”的理念。除了继续扩大中外合资力度，提升高技术含量，开发适应国际新潮流的纯生啤酒之外，还展开了一番声势浩大的企业购并行动。

1994 年 10 月 28 日，青岛啤酒股份有限公司全资收购扬州啤酒厂，开创了中国啤酒行业跨地区收购啤酒厂的先例，同时期，青岛啤酒产销量突破一百万吨。

1996 年以后，青岛啤酒进入高速发展时期，在海内外不少啤酒企业纷纷收缩对外投资的背景下，当时在彭作义引领下的青岛啤酒管理层对国内经济及啤酒行业进行了深入分析，并通过咨询专家和反复论证，及时制定了“大名牌发展战略”，赢得了一个千载难逢的行业整合历史机遇。

一方面，青岛啤酒通过与日本朝日啤酒进行合资，新建了深圳青岛啤酒朝日有限公司，引进国外先进技术生产出瓶装纯生啤酒，既成功地实现了青岛啤酒产品的异地化生产，又通过推出符合国际消费潮流的纯生啤酒，抓住了高端消费市场；另一方面，青岛啤酒抓住当时一些国内啤酒企业陷入经营困境以及部分外资啤酒有意退出中国市场的机遇，充分发挥青啤的品牌、资金、技术、人才和管理等优势，对国内啤酒行业进行了史无前例的大规模整合。

从 1998 年起，青岛啤酒通过股权收购、破产收购、政策兼并等不同方式，开始大规模、快速地收购兼并，以较低的成本迅速壮大了自身的规模和实力，并且占据了华南、北京、上海等市场制高点，率先完成了国内市场的战略发展布局。青岛啤酒购并的企业包括上海嘉士伯啤酒、北京五星啤酒和广东强力啤酒等知名企业。

到 2003 年底，青岛啤酒已在全国的 17 个省市拥有了 48 家啤酒生产厂和 3 家麦芽生产厂，形成了以青岛及山东为中心，北至黑龙江，南到广东深圳，东到上海，西至陕西的全国性生产布局。

这里值得一提的是青岛啤酒二厂，青岛啤酒二厂是青岛啤酒厂里现代化、自动化程度最高的工厂，这里拥有国内最大的啤酒发酵区，也是全国最大的纯生啤酒生产基地，年产量约 80 万吨。青岛啤酒二厂结合了之前酒厂的经验，在产品线及流程设计上遵循节能降耗、循环经济的理念，通过流程梳理，最大化地降低了能耗，在新时期高速发展的阶段，用绿色生态的发展理念，将工业化进程推向了新的阶段。

青岛啤酒二厂还是中国第一桶纯生啤酒的发源地。当时市场上并没有“纯生啤酒”，查遍国家轻工业部啤酒行业产品目录，翻遍啤酒行业产品技术标准，只有生啤、鲜啤、散啤等名称，都不能准确表述这一新产品的高技术、高质量内涵。当时的青岛啤酒技术人员联想到国外的啤酒

◎小贴士

青岛啤酒二厂：青岛啤酒股份有限公司的骨干工厂，其全套引进德国、法国生产设备，是国内自动化程度最高、控制手段最先进的现代化啤酒生产工厂之一。青岛啤酒二厂前身是青岛啤酒第二有限公司，是由青岛饮料进出口公司、中行青岛分行、建行青岛分行以及香港宝生银行、香港中南银行、香港盐业银行、中行香港分行、中行澳门分行合资兴建的。1987 年 12 月奠基动工、1990 年建成投产，1993 年成为青岛啤酒股份有限公司下属青岛啤酒二厂。经过扩建，至 1997 年形成年产青岛啤酒 20 万千升的生产能力。2006 年 9 月 1 日，青岛啤酒二厂新增 20 万千升项目启动，至 2007 年 4 月 23 日竣工投产，青岛啤酒二厂年生产能力达到 45 万千升。

介绍资料中“纯”的概念，再与我们自己的产品技术和质量的特点相结合，脱口而出“青岛纯生啤酒”这个名字，“青岛纯生啤酒”就这样诞生了。

1994 年 4 月，青岛纯生啤酒正式上市，随即便受到消费者的青睐。在北京，媒体以“扎啤闹京城”“无扎不成席”来形容其在餐饮界引起的轰动；在广州，青岛纯生啤酒以“时尚饮料，品味超凡”著称。青岛纯生啤酒的诞生，为青岛啤酒更加全面地打开销路，甚至出口到港澳及海外地区，提供了全新的竞争力。

产品的不断研发、技术的不断改进、厂区的不断扩展，都为青岛啤酒进入国际化、现代化新阶段奠定了基础。目前，青岛啤酒在全国拥有 62 家全资和控股的啤酒生产企业，以及 2 家联营及合营啤酒生产企业，规模和市场份额居国内啤酒行业领先地位。

国际化——“一瓶啤酒连接世界”

青岛啤酒国际化第一期的发展成果就是企业规模与啤酒领地空前地扩大了，在由彭作义发起、以“高起点发展、低成本扩张”为主导内容的“大名牌发展战略”的核心理念指导下，“做大”的目标基本实现，青岛啤酒以空前的速度在特定的市场环境下大踏步扩张，使产能从每年 30 万吨急剧膨胀到300万吨，青岛啤酒也从山东的一家地方性企业，一跃成为在全国拥有众多生产厂商和子公司的全国性企业集团。从1996年开始，青岛啤酒进入首个高速增长的黄金期，以强劲的实力雄霸中国的啤酒市场，真正迎来发展的春天。

没有国际化背景下“大名牌发展战略”的实施，是不可能取得如此成绩的。国际化的意义也不应仅仅体现在产量的提高上，还有许多事要做，而如何解决“做大”之后出现的一系列问题，保证企业的良性运转与协调发展，成为当务之急。

转折的起点仅仅是一个词序的变化——从“做大做强”到“做强做大”。对于青岛啤酒而言，扩张不是也不应该是目的，扩张的目的是“做强”。

2001年，为适应中国加入WTO后的新形势，确保在全球化进程中立于不败之地，青岛啤酒适时调整发展重点，实现了从“做大做强”到“做强做大”的战略思维转型，变“外延式扩大再生产”为“内涵式扩大再生产”，致力于全新的文化整合，不断完善治理结构，以实质性提升核心竞争力。

针对中国加入WTO后，外资啤酒企业欲再度大举进入的背景，青岛啤酒董事会适时地提出了“系统整合、机制创新、提高核心竞争力，结构调整、做强做大，再创新百年辉煌”的经营策略，使青岛啤酒由“购并的青啤”阶段向“国际化的青啤”阶段迈进，这个看似偶然的转折在今天看来，似乎又是青岛啤酒顺应时势的一种必然。

2002年，国际化进程迈出重要一步，青岛啤酒与美国安海斯—布希公司（百威啤酒制造商）签署协议，结成战略合作伙伴，强强联合，共同开拓全球市场。中美这两个全球最大的啤酒生产及销售国的领航企业结成战略联盟，这是一种全新的合作模式，隐含着深刻的经济学内涵，引起广泛关注。

此举为青岛啤酒立于不败之地又增添了砝码，对方在技术、管理和市场方面的经验有效促进了青岛啤酒的内部整合。走出这一步，青岛啤酒已义无反顾地置身于国际化与全球化的潮头。

近年来，随着海外国际化市场的逐步拓展，青岛啤酒年产销量由上市初期的28万吨增至2003年的370万吨，总市值也由上市之初的26亿元增至目前超过1000亿元的规模，国内市场份额也由上市之初的不足2%增至2003年的14%。现在，青岛啤酒已经销往世界各地100多个国家和地区，其产销量、销售收入、出口创汇、实现利润、出口量等均位居中国啤酒首位。

历百年而至今，青岛啤酒沿着“一带一路”的脚步，带着百年工业的荣光和使命，在时代的长河中不断延承发展，将青岛啤酒，特别是青岛啤酒所展现的中国历史文化、工业遗产文明，演化成全球通行的中国文化符号，在海外广泛推广开来，真正实现了“一瓶啤酒连接世界”。

十四　青岛啤酒 DNA——新时代酿造技术的升级

改革开放后，青岛啤酒迎来了发展新阶段。在这样的全新时代，在国际化大门开启的一瞬间，青岛啤酒成了全球瞩目的中国啤酒品牌。为适应新形势，品质为先的青岛啤酒开始从消费者角度入手，对啤酒的酿造技术进行全方位的优化升级。

20 世纪末，英国生物遗传学家维尔穆特成功地克隆出了绵羊“多莉”，这个让世界为之震惊的消息，让神秘的 DNA 技术走下尖端科技的神坛，成为寻常百姓饭后的话料。在啤酒中，有各种各样的风味物质左右着味道，包括醇类、酯类、氨基酸类等。不同的啤酒所具有风味物质的种类和含量都大不相同，带给饮用者的综合感受也会因此有很大差异。对于啤酒而言，优质的啤酒也有专属自己的“DNA”，以区别于其他口味的啤酒，专属 DNA 的不断优化和升级，就是青岛啤酒能够持续受消费者喜爱的秘密。

“不上头”的青岛啤酒

夏天的夜晚，约上一众好友把酒言欢，轻松愉快的氛围中推杯换盏，兴致上来难免会多喝几杯。可是，几杯酒下肚之后，有的人当下就会出现头晕目眩的感觉，有的人则是一觉醒来后头痛欲裂，好像脑袋被灌了铅一样，重得抬不起来。酒后“上头”大大影响了小聚的美好和啜饮的畅爽。

究竟是什么引起了酒后“上头”呢？

引起酒后“上头”的物质便是酒中的“高级醇”，高级醇普遍存在于发酵液中，这种物质在酿造过程中如果不加以控制，容易过量留存于啤酒中。酒后当人体血液中醇的浓度超过一定标准时，会导致血流量增加而代谢作用下降，这时醇在大脑中便不能及时代谢，头痛、头晕和缺氧等“上头”的症状就会随之而来。

但并不是所有啤酒都会让人感到酒后“上头”，喝不同品牌的啤酒会有不同感受，好的啤酒饮用时口感清爽独特，饮用后也会让人体感觉舒适。这是因为好啤酒的高级醇比例适宜，而想要酿造出这种酒体泡沫细密醇厚，喝了又不上头的啤酒，却绝非易事。

“上头”问题一经提出，青岛啤酒技术人员便立刻投入研究当中，经过夜以继日的钻研，终于发现问题的源头是酵母。从某种程度上来说，啤酒酿造的过程就是粮食作物发酵的过程，然而事实又没有那么简单。可以说成分稳定、品种优良的麦芽，为酿造麦香浓郁、口感纯正统一的啤酒奠定了坚实的基础，而接下来的发酵过程对啤酒的影响实际上更为巨大。发酵过程中充氧不足、外部温度发生变化，以及发酵周期过短，都会提高啤酒里高级醇的比例，造成啤酒中高级醇的含量过高，从而引起饮者“上头”。从酵母的特点入手，青岛啤酒工作人员逐渐研发出自己独

酿造啤酒的原料——大麦

到而领先的解决方法：通过改善硬件环境、发酵过程中多个检测点的控制以及酵母的选择，控制醇类物质的比例和含量，在一定程度上控制啤酒让人“上头”的源头。

这就是即使今天短时快速的发酵方法早已取代了传统的发酵工艺，青岛啤酒依然坚持沿用超低温长时间自然发酵法的原因。该挥发的物质得到了彻底挥发，相比更加经济的短时快速发酵方式，好比让果实自然成熟，而不是快速催熟。超低温长时间自然发酵虽然使青岛啤酒相对降低了产量、提高了成本，却近乎完美地保证了啤酒“不上头”的特点和产品的纯正风味。上述两种发酵方法作用下的啤酒在品质上是大不相同的，其优劣高下，饮者自明。

坚持超低温长时间自然发酵法可被视为青岛啤酒技术冷静性的一个例证。这百年坚持的“慢”让啤酒的灵魂酵母自然繁衍，该成熟的成熟，该激活的激活，该挥发的挥发，在“慢”中，让消费者喝出健康、自然的味道。每一瓶青岛啤酒，都凝结着一代代青啤酿酒师的智慧和心血。从当初把德国酵母带到青岛的酿酒师奥古特(Augerta)先生开始，到如今的青啤总酿酒师，每位青啤人在这一百多年来都秉承着一则信条——好人酿好酒，正是这则信条，使青岛啤酒的芬芳飘过了一个多世纪，其中的“酿”字象征“用良心做酒”。青岛啤酒在优化技术的基础上，始终保护传统酿造工艺，延承百年啤酒文化，用真心酿造品质至上的啤酒。

青岛啤酒的"DNA"

2016年4月，德国杜门斯啤酒学院副院长布兰德尔（Brandl）博士来到青岛啤酒总部交流，当时的青啤酿酒师、经典1903项目组组长娄晓红给他倒上了两杯分别由不同工厂出品的"经典1903"，请其盲测。对于专家而言，酒先倒后倒都能品出差异来。布兰德尔博士品评后很快在纸上画出两杯酒的雷达图，就酒体的纯净、平衡、新鲜、风味等维度分别做出评价，结论是两杯酒的重叠性（一致性）非常高，在典型风味的评价中，他甚至认为是同一批酒。不同厂区生产的啤酒，风味竟能做到如此一致，让德国的世界级啤酒酿造师都感觉颇具挑战性。

回想一下，无论身在青岛还是深圳，无论是在国内还是在欧洲某个小镇旅行，喝到的青岛啤酒味道竟然几乎相同。要知道，啤酒酿造过程会产生上百种不同的风味物质，那这些不同产地的青岛啤酒是如何保持味道统一的呢?

如何控制啤酒当中的各种风味物质，使某个品牌的啤酒不分产地都能具备某一独特的优点，世界各国的啤酒专家一直在试图解决这一难题。2002年，中国啤酒行业的领导者——青岛啤酒首开先河，在国内首次开发了啤酒生产中214种物质的定性分析和174种物质的定量分析方法，确立了青岛啤酒的"啤酒风味指纹图谱"，技术专家称其

青岛啤酒

为“青岛啤酒的 DNA”。这项技术一经研发成功，即获得“2002 年度国家科学技术进步二等奖”，这是中国啤酒行业第一次获国家科学技术进步奖。目前，该技术已经成为青岛啤酒自主知识产权的核心内容之一，不仅填补了国内空白，更达到了国际先进水平。

如果把“啤酒风味指纹图谱”画在一张纸上，它其实很像一张大大的蜘蛛网。蜘蛛网上的每一个节点就是青岛啤酒某个风味特点的特征值，这些特征值都是专家们利用国内外先进的分析仪器，在对大量青岛啤酒进行长期跟踪检测的基础上得到的，它们全面、具体地展现了青岛啤酒独特口味的每一个细致入微的特点。通过风味指纹图谱技术能够详细分析出不同品类、不同特色啤酒产品的风味特征及其细微差别，比如经典 1903 酒体醇厚、麦香浓郁，皮尔森苦而爽，白啤具有丁香花味、果香愉悦，IPA 突出啤酒花香气和苦感。

◎小贴士

啤酒风味指纹图谱：啤酒风味依靠啤酒中所含的多种化学成分发挥作用，仅凭某一种化学成分的定性和定量分析是无法对其进行正确评价的。因为任何单一的成分或指标都难以有效地表明啤酒的风味特征。而指纹图谱是随着现代分析技术发展而诞生的一种从整体上研究复杂物质体系的技术，已经在环境保护、食品评价、中药质量控制等方面得到应用。指纹图谱具有指纹特征分析、宏观推断分析等特点，故适合于分析复杂化学物质的组成，可以成为评价啤酒风味特征的有效手段。啤酒风味指纹图谱是指啤酒样品经过适当处理（常用的提取方法有水蒸气蒸馏、同时蒸馏萃取、溶剂萃取等），然后采用一定的分析手段分析其中的香味成分，从而获得的能表征样品化学组成特征的组分群体分析图谱，其借用化学计量学、统计学、应用数学及其他数学方法来判别啤酒风味物质的稳定性。啤酒风味指纹图谱能基本反映啤酒风味特征的全貌，使其质量控制指标由原来的单一成分的测定上升为对整个内在品质的检测，实现对啤酒风味物质内在质量的综合评价和全面控制，从而确保啤酒品质的稳定。

“青岛啤酒 DNA”的发现，又会给广大消费者带来什么呢？

首先，找到了代表青岛啤酒经典风味的特征物质，并用“特征指纹”的方式将其准确地描绘出来，把青岛啤酒独有的特点完整地展现在了消费者面前；其次，使得啤酒风味无限趋于统一。找到了青岛啤酒的特征图谱，就可以不断进行复制、模仿，让青岛啤酒每一种产品在不同产地的特征和口味无限接近。从这一点来说，“特征指纹图”更像是圆周率 π，我们所保留的小数点后位数越多，算出的结果就越接近圆的真实面积。“啤酒风味指纹图谱”的发现，让啤酒酿造这一原本复杂、难以掌控的生化过程变得更加清晰可控，让难以掌握的啤酒酵母的生命历程更加看得见、摸得着，甚至算得出。

青岛啤酒的风味特征指纹图谱，极大地保证了啤酒风味 100% 的“遗传”，由此最大限度地保证了啤酒风味的一致性。无论身在青岛还是拉萨，地处纽约还是巴黎，抑或世界任何一个地方，我们都能品尝到具有青岛啤酒经典特征风味的味道，即具有浓郁麦香和醇正口感的“青岛啤酒的味道”。

坚持“好人酿好酒”

“好人酿好酒，好心有好报”，这句朴素而真切的话语所饱含的深意，远比大家所理解的字面意思要丰富得多。好人好心，不仅体现在青啤人的素质、技术、精神上，还体现在视野与格局上。

长期以来，青岛啤酒始终怀着极大热情致力于技术进步。那么，技术的精髓是什么？就啤酒酿造而言，一切技术手段必须实现与啤酒内在品质的结合，如何最大限度地减少新技术与传统工艺的冲突，已成为检验技术合理性的一个关键因素。客观地说，技术是把双刃剑，必须在合理与有益的基础上予以发挥。这里所说的合理、有益，不仅针对酿造过程的工艺、效率、成本等问题，还涉及更加宏大的自然观。

“我们利用地球母亲赐予的资源，酿造出蜚声世界的啤酒，虽然有骄人的业绩，但我们深知一切皆源于自然，并将归于自然。为了建设一个充满生机和希望的和谐社会，我们有义务和责任做环境保护的模范，全面落实科学发展观，积极推进循环经济的发展，致力于建设资源节约型、环境友好型社会，为子孙后代留下充足的发展条件和发展空间。”这是青岛啤酒博物馆“循环经济”专题陈列的前言，代表着青岛啤酒的生态酿造理念。为了保证产品的纯净品

质检员正在检查青岛啤酒

质和环保特性，青岛啤酒已建立起一整套符合甚至高于国际标准的“全程纯净化酿造体系”。

沿着青岛啤酒博物馆的动线游览，讲解员一定会告诉你啤酒酿造会产生大量废料、滤渣，为了减少对环境的压力，青岛啤酒想尽办法从生产源头开始进行环保控制。针对酿造中产生的工业废料，青岛啤酒主要采取再利用的方式进行处理，比如处理后用作养殖饲料、通过高压制成装饰用品，等等。为了提高企业环保技术、积极倡导全社会的环境保护意识，青岛啤酒持续与世界先进环保体系接轨。

继 1995 年整体通过挪威船级社（DNV）的质量体系审核，成为国内啤酒行业第一家通过国际权威机构认证的企业之后，青岛啤酒分别于 2001 年、2002 年、2003 年连续引进和建立了 ISO14000 环境管理体系标准、OHSAS18000

职业安全健康管理体系及 HACCP 国际食品卫生与安全管理体系。目前，由这四大国际标准支撑的“全程纯净化酿造体系”严格贯穿在管理、生产运行、环境保护、质量及卫生控制等方面。

2018 年，青岛啤酒率先在行业内建立了 VACCP 食品安全防欺诈体系，按照 VACCP 原则制定物料管控措施，并开发了大麦和啤酒花 DNA 品种鉴定技术，在啤酒酿造原料行业起到了规范引领的作用。

为保持与国际先进水平同步，青岛啤酒投入大量资金打造国际一流的酿酒师队伍，多次派员工赴德国慕尼黑杜门斯啤酒学院学习，与江南大学、中国海洋大学、加拿大大麦技术中心、美国酿造化学家协会、欧洲酿造协会等国内外高校及科研院所建立了稳定的合作交流平台，多次邀请国际著名酿造专家到公司授课，不断提升专业技术人员的能力和水平。

青岛啤酒设有全行业唯一的国家级啤酒酿造技术科研中心，一大批兼具科学和艺术气质的酿酒师在这里工作，精心铸造着青岛啤酒这块金字招牌。酿酒师们就像是“魔术师”，一群固执的、不知名的守道者和艺术家，他们用激情和灵魂酿造，铸就青岛啤酒的金色品质。同样是澳大利亚的大麦，因为生长季、雨水、光照长短、收获季节的不同，会导致酿造性能有所不同，酿酒师总可以找到不同大麦的不同专长，从而酿造出不同的好啤酒。在十几种啤酒花中，酿酒师可以搭配出不同的口感，苦味多一些还是香味浓一些，完全依照消费者的意见；一模一样的麦芽和啤酒花，通过配方的组合和工艺的调整，最终的成品可以是醇厚感突出、口味饱满的“青岛啤酒经典”，也可以变成低热量、口味清爽的“青岛啤酒欢动”……

◎小贴士

VACCP：VACCP 是“Vulnerability Assessment and Critical Control Point”的简称，意为“脆弱性评估和关键控制点”。为了应对日益抬头的非传统食品安全问题，全球食品安全倡议组织（Global Food Safety Initiative，简称 GFSI）于 2012 年成立了“食品掺杂智库”（Food Fraud ThinkTank）专门研究这一课题，该智库提出了“脆弱性评估——脆弱性控制计划”的控制思路建议。2014 年 2 月，GFSI 提出将包括食品欺诈在内的食品安全管理体系作为研究方向，并委托旗下的 SSAFE 基金会以及荷兰瓦格宁根大学开发了“脆弱性评估”工具 VACCP。该工具根据“环境中的潜在风险”“控制措施”两方面因素来评估企业的“实际掺杂易损性”（actual fraud vulnerability）。VACCP 的特点如下：（1）要求企业“像罪犯一样思考”，从供应链、社会经济学、行为学、地缘政治学以及过往历史等角度来分析食品被掺杂的可能性。（2）其“脆弱性控制计划”包括监控策略、来源或标签验证、规格管理、供应商审核、分析测试策略、反假冒技术等内容。

一瓶青岛啤酒要闯过1800多道质控点。迄今已过百年，青啤酿酒师仍然像创作艺术品那样酿造啤酒，在这个快节奏的时代，依然恪守传统工艺，这不仅是酿酒师的坚持，是青岛啤酒品质的坚持，更是对百年工业文明遗产的保护和传承的坚持。

十五 保卫工业遗产——青岛啤酒博物馆的诞生

历百年而至今，青岛啤酒所成就的历史传奇着实耐人寻味。随着时代的转型，历史上很多曾经兴旺的工业厂区，现在已经变成废弃的工业旧址，处于现代城市生活的边缘地带，面临着消逝的危险，亟待保护和再利用。相较于“被遗忘”的工业文明遗址，青岛啤酒工业遗产所在的区域不仅未见衰败，反而愈加兴旺，已成为青岛乃至中国啤酒文化的中心。在这里，历史和现代的复合交融，显示了稀有的历史延续性和文化鲜活性，相互见证、相得益彰。

传承经典——保护工业遗产

在近代以来东西方文化碰撞交融的大背景下，青岛的城市化与工业化进程是同步的，所以工业遗产也就承载了更多的城市个性色彩。青岛啤酒与城市同名，更与城市同行，见证了青岛的意义，也打开了青岛早期工业遗产保护与传承的视野。

啤酒加强了青岛作为东方旅游胜地的色彩，青岛啤酒厂更是代表着青岛工业遗产的价值，这座百年工业遗址，不仅与这个城市的历史肌理相融合，更是一部中国啤酒工业命运的立体史书。走在这片遗址里，我们可以读懂那段动荡的家国历史，感受独特的城市文明，品味不一样的光阴故事。

作为青岛啤酒发源处的青岛啤酒厂早期建筑，属于国家重点文物保护单位，理应被留存、保护下来，并发展成适应当代需求的文化遗产。鉴于此，青岛啤酒在纪念其创立 100 周年之际，投资数千万元建成了全国第一、国际一流的啤酒博物馆——青岛啤酒博物馆，实现了工业遗产的创造性价值转换。2003 年 8 月 15 日，青岛啤酒博物馆正式开馆。

从 2002 年 6 月开始筹建，到开馆仅历时一年多，全体筹建人员的工作精神和效率令人感动和赞叹。在青岛啤酒的文物收集工作中，老中青三代员工争相无偿捐献了大量的文物，每一个文物都是时代的象征，都代表着每一代青啤人对青岛啤酒工业历史文化的热爱。

为了能够征集到与青岛啤酒有关联、有价值的文物，

青岛啤酒博物馆

筹备组不仅在多家媒体上登出征集启事，而且不辞劳苦，到老一代青啤人家中走访和找寻。曾经在青岛啤酒工作四十多年的吴赓永总工程师找出了自己珍藏的二十世纪四五十年代曾担任青岛啤酒酿酒师的几位专家出版的专著，以及青岛啤酒二十世纪五十年代出口东南亚时的广告照片；青岛啤酒原董事长、原总经理张亚东先生捐献了青岛啤酒 1993 年 6 月在香港上市发行的第一张 H 股股票和一些珍贵的照片，成为青岛啤酒博物馆的馆藏珍品。许多青啤人在繁忙的工作中十分关注青岛啤酒博物馆的建设，青岛啤酒厂原党委副书记鲁永苏同志送来了难得一见的青岛啤酒香港上市纪念酒杯；公司公共关系部原副部长纪卫华同志送来了青岛啤酒二十世纪五六十年代在港澳销售时的广告、照片等珍贵实物；更有酿造部的刘世民，将自己珍藏多年、青岛啤酒在日本人经营时期账房用过的算盘和工人用过的管钳捐献出来。特别令人感动的是一位已经退休的女工，专门从家中找出了 1964 年国家轻工业部组织专家根据青岛啤酒酿酒工序和经验编写的《青岛啤酒操作法》一书，并送交筹备组。在青啤员工的大力支持下，青岛啤酒博物馆的文物收集工作十分顺利，这些文物都是青岛啤酒历史文化的组成部分，是青岛啤酒博物馆成功创建的坚实基础。

将历史上的老厂房设为博物馆是工业遗产保护利用的一个重要途径。不过，由于博物馆的特殊性，要保持其良好运转并非易事，诚如国际工业遗产保护专家麦格斯（Maggs）先生所感言："事实上，任何一个地区能够保持活力的博物馆数量都是有限的，愿意参观博物馆的旅游者数量也是有限的"。正因如此，青岛啤酒博物馆的成功尤其值得关注，这里一年四季观众络绎不绝，截至 2021 年底，已接待海内外游客超过 1100 万人次，创造了博物馆之旅和工业遗产之旅的一个奇迹。

以青岛啤酒的百年发展历程为主线的青岛啤酒博物馆，以翔实的史料，浓缩了中国啤酒工业的发展历史，折射出一个企业，乃至一个城市勇敢前行、拼搏奋进的艰苦

青岛啤酒博物馆内的百年老发酵池

岁月和不朽的精神荣光。通过青岛啤酒博物馆，能让世界进一步认识青岛啤酒，了解中国啤酒文化，让青岛啤酒和青岛这座美丽的城市共同走向世界。

如今，青岛啤酒博物馆作为全国重点文物保护单位，多年来陆续获得国家一级博物馆、国家AAAA级旅游景区、全国工业旅游示范点、国家工业旅游创新单位等荣誉。

2021年6月22日，在北京举行的第十八届“世界品牌大会”[由世界品牌实验室（World Brand Lab）主办]上，2021年《中国500最具价值品牌》报告正式发布，青岛啤酒品牌价值1985.66亿元，继续蝉联中国啤酒行业首位，而青岛啤酒博物馆以251.56亿元的品牌价值，正式晋级中国品牌 300 强，连续 7 年引领中国工业旅游品牌发展新高度。青岛啤酒实现了工业遗产保护与工业旅游的双重成功和双重典范价值，就工业遗产来说，这是不多见的。

国际上，青岛啤酒博物馆已被视为与荷兰的海尼根（喜力）啤酒博物馆、德国的慕尼黑啤酒博物馆、捷克的皮尔森啤酒博物馆、丹麦的嘉士伯啤酒博物馆齐名的世界级啤酒文化殿堂，而且独具东西方文化融合的历史底蕴，它位于东方，涵容西方。

当我们走进青岛啤酒博物馆，便可开启一段耐人寻味的啤酒文化之旅，品读啤酒，品读历史，品读文化。无疑，这是一部具有特殊魅力的岁月长歌，等待着你的聆听，等待着你的共鸣。走进这座博物馆，如同走进啤酒文化与城市文化的复合廊道，走进青岛工业遗产的历史长河。光线

青岛啤酒博物馆“百年起点”展厅

明暗变幻之间，一次耐人寻味的人文之旅意味着记忆与发现，也意味着沉思与激情。

国家文物局原局长、故宫博物院原院长单霁翔参观完青岛啤酒博物馆之后说：“青岛啤酒博物馆是中国工业遗产保护和利用的典范。”新博物、新形式，不仅让工业遗产“活”了起来，也让文化生活更加美好。

享誉中外——工业遗产的奇迹

目前，青岛啤酒博物馆展出面积6000多平方米，共分为百年历史文化、酿造工艺发展、体验啤酒魅力三个展区：在百年历史文化区域，顺着时空的脉络，游客可以通过详尽的图文资料、全息影像、互动视频，了解青岛啤酒百年历史文化的概况。酿造工艺发展区域展示的是青岛啤酒百年前整套酿酒工序的设备，以及后来现代化生产线的场景。在体验啤酒魅力区域，游客可以通过全息投影、动感单车、AR互动等科技创意项目体验惊喜。在博物馆商品店，特色啤酒、专属酒具、各式酒启、酒瓶巧克力、美味啤酒豆等啤酒文化创意产品琳琅满目。一楼的青岛啤酒博物馆音乐餐吧同时可以容纳近200人用餐，备有创意啤酒料理等美食。

青岛啤酒博物馆以优美的环境、丰厚的文化底蕴和独特的魅力，吸引了100多个国家和地区的中外宾客纷至沓来，为青岛啤酒、为全国工业遗产单位赢得了荣誉。

中国国民党原主席连战曾赋诗青岛啤酒。2005年10月，连战先生一行人来到青岛啤酒博物馆参观，馆内历史老照片前，连战曾多次驻足，仔细端详。参观结束后，连战及其夫人都显得意犹未尽，便和随行人员一起在啤酒吧品起酒来，服务员端上来的都是刚刚下线的新鲜啤酒。据说，连战并不喜欢饮酒，喝酒时也不像别人那样大口畅饮。随行人员本想让他喝上一小口，摆个姿势让媒体拍照，谁知他手中的青岛啤酒却不多会儿就见了杯底，长女连惠心更是一口气喝下两杯，不停地称赞。旁边的中国台湾媒体见缝插针地问道："和台湾的啤酒比起来有什么区别？""青岛啤酒的口感更清爽，而且有浓浓的麦香味。""连主席您呢？"微微颔首的连战闻言，略一沉吟，举起酒杯慢慢说道："问世间何以解忧？唯有青岛啤酒！"说完不由得笑了起来，在场的人都会意地笑了。苦等多时的记者们显然希望连主席能再多说几句，然而惜字如金的连战在说完这一句后，便不再开口。

2007年，美国俄勒冈州经贸代表团一行参观了青岛啤酒博物馆。代表团成员在参观过程中，对每一个展厅都表现出了极高的兴趣，他们一路上不断地驻足观望，还不时地向身边的翻译询问每一幅老照片的故事。原本拟定1个小时的博物馆参观行程，延长了几乎一倍的时间，代表团的成员们仍然感到意犹未尽。

在啤酒吧，代表团的成员们应邀品尝刚刚下线的新鲜青岛啤酒，当工作人员把飘着浓郁的麦香、色泽金黄透亮的啤酒呈上吧台时，团员们再也顾不得绅士形象，纷纷大口大口地喝了起来，工作人员见状，连忙为他们添酒续杯，团员们一边连连称赞、一边急着拿起酒杯，一路随行的中国翻译笑着对青啤工作人员说道：“这是我第一次看他们这么喝啤酒，在北京的酒吧，他们都没有喝得如此‘豪爽’，看来这回，他们非得嚷着在青岛多逗留几天了。”

俄勒冈州库斯湾国际港总裁大卫·贝森真诚地说：“青

德国经营时期的卧式发酵罐

岛啤酒博物馆太神奇了，这简直是一大奇迹：看过世界一流的生产线，游览了百年的啤酒世界，更加深了我对青岛啤酒这一世界品牌的热爱之情，今后我要多喝青岛啤酒。”还没等翻译把话说完，大卫·贝森又提出一个令人意想不到的请求：“成为你们中的一员，将是我此生最大的骄傲，能够吸纳我为你们的荣誉职工吗？”紧接着，大卫便“得寸进尺”地要求穿上工作服，“像模像样”地工作起来，令在场的人忍俊不禁。

临别前，每个人都由衷地感慨道：“来中国一行，青岛啤酒是最好的一站。”布莱德斯格在留言中激情地写道：“我来了，我看了，也被征服了。青岛啤酒是我的最爱，非常幸运能够成为这具有纪念意义的访问团成员之一。”大卫·贝森则高兴地写道：“青岛啤酒就是啤酒之王”。

创新发展——新时代、新传承

工业遗产的独特魅力在岁月中传承的同时，也在不断革新发展。如今的青岛啤酒博物馆作为工业遗产保护的领军单位，不断进行业态创新，使得青岛啤酒的历史文化持续融入新的内涵、迸发出新的热情……

得益于青岛啤酒独特的文化氛围，青岛啤酒博物馆所在的街区已开辟出青岛啤酒街，这条一百多年前称为“米勒上尉路”的登州路街区，本就是青岛啤酒的发源地。

一百多年之后，这里俨然已成为啤酒文化的小“聚落”，几乎所有店铺都以“正宗青岛啤酒”为招牌，这条工业文明衍生出的不夜街区，无疑将城市生活最鲜活的一面呈现了出来。青岛人对于啤酒和生活的热情，外地人对于青岛啤酒文化的向往，海外游客对于中国特色的兴趣，千万目光都追寻到这里，产生碰撞、交流与融会，缤纷的城市色彩浓缩在这条街上，欢动的潮流，芬芳的酒香，引领着时尚与激情的生活风韵。

历史与现实相呼应，文化辐射的效应便开始显现出来。综合青岛啤酒百年工业文明的渊源，青岛啤酒博物馆在登

青岛啤酒博物馆内的“易主经营”展厅

州路青岛啤酒街打造了全新的工业文明衍生业态——1903面包坊，采用青岛啤酒传奇故事中的主角——百年酵母，打造啤酒酵母面包。

1903年，汉斯·克里斯蒂安·奥古特（Hans Christian Augerta）带着珍贵的德国皇室酵母漂洋过海不远万里来到了青岛，经过不断研究和尝试，酿造出了第一杯青岛啤酒。时光流转，百年啤酒酵母在新世纪的今天有了全新的身份。1903面包坊从青岛啤酒百年酵母的精纯成分中萃练出全新神奇鲜活酵母，经德国大师运用独家超声波发酵技术，做出了“听得懂音乐”的大师面包。如今，工业文明留下的皇室啤酒酵母，以啤酒酵母面包的全新方式与大家在舌尖邂逅，这不仅是奥古特一家人甜蜜记忆的延续，更是青岛啤酒的美味献礼。

在东西方文化交融的背景下，青岛啤酒博物馆肩负着让工业遗产“活”起来的责任和使命，在这条饱含啤酒文化的工业遗址街区，其主持打造了青岛啤酒博物馆音乐餐吧，将独具风情的德式文化餐品与现代啤酒文化相结合，开创了国内首个博物馆里的啤酒文化餐吧。此外，还有可品尝全系列新鲜青岛啤酒的“青岛啤酒邂逅酒吧”和山东省首家啤酒文化“云闪付智慧便利店”。活力、创新、独具风格，这些新的业态使得青岛啤酒博物馆的文化体验不断丰富，促进了工业文明的进一步发展。

与此同时，青岛啤酒博物馆还将工业遗产文明带进胶东半岛文明起源地西海岸和有“海上仙山”之称的崂山。在西海岸打造啤酒精酿花园、亚洲最大啤酒文化狂欢盛宴——青岛国际啤酒节，通过新鲜体验、时尚升级，将城市视觉和味觉享受融为一体。在崂山打造仙居崂山和瑜上山间两座青啤文化主题民宿，使单调的工业历史文化融入现代气息、融入山水之间，最终步入大众日常生活。

文化不是一成不变的，而是流动的、不断发展的。工业遗产的发展不仅需要继承，更必须不断创新。已有超百

◎小贴士

青岛国际啤酒节：始创于1991年，由国家有关部委和青岛市人民政府共同主办，每年的7—8月举办，是融旅游、文化、体育、经贸于一体的国家级节庆活动，也是亚洲最大的啤酒盛会、“中国十大品牌节庆”之首。青岛国际啤酒节由开幕式、啤酒品饮、文艺晚会、艺术巡游、文体娱乐、饮酒大赛、旅游休闲、经贸展览、闭幕式晚会等活动组成。节日期间，青岛的大街小巷装点一新，举城狂欢；国际啤酒城内更是酒香四溢、激情荡漾。节日每年都吸引超过20个世界知名啤酒厂商参节，也引来约300万海内外游客举杯相聚。历届啤酒节，青岛啤酒大篷都是接待人数最多，收入最高、游客满意度最高的啤酒大篷，亮点频出，成为啤酒城一道靓丽的风景线。

年历史的青岛啤酒，被历史选择，并实现了真正的自我超越，成为历史的见证者和工业文明的布道者。这不是任何技艺层面的力量所能达到的，这是工业文明与历史传承共同馈赠的文化遗产。

相对于其他工业遗产，于城市工业文明、于国家啤酒文化，青岛啤酒似乎蕴含着更多超乎其自身的意义，这是一种有待进一步发掘的文化资本，因此赋予了啤酒博物馆一种独特的人文魅力。“世界视野、民族特色，匠心打造、创新突破”，青岛啤酒、青岛啤酒博物馆会长久秉承这样的文明传承理念，将工业遗产在创新中持续延承下去。

主要参考资料

《关于工业遗产的下塔吉尔宪章》，国际工业遗产保护联合会，2003

阴山、纪卫华编著：《百年青啤》，中华书局 2003 年版

青岛啤酒股份有限公司编：《青岛啤酒纪事》，中国海洋大学出版社 2003 年版

季羡林：《东学西渐与东化——为〈东方论坛〉“东学西渐”栏目而作》，《东方论坛》（青岛）2004 年第 5 期

金志国、巩升起：《一杯沧海：品读青岛啤酒博物馆》，山东友谊出版社 2008 年版

后 记

沿着中国工业遗产这一主题，经过一年多对史料的研究、整理，以及后续的编写工作，我们终于完成了这本书。在青岛啤酒 110 多年的历史中，笔者选取了 15 个具有代表性的历史时刻，以故事的形式呈现在读者面前，旨在向大家展示一个百年民族企业屹立不倒的风采。

一百多年来，在中国这片热土上存在过无数企业，但是存续超过百年，至今仍是风华正茂的民族企业可谓凤毛麟角。青岛啤酒的百年历程也是中国民族工业历史的缩影，青岛啤酒的文化精髓不仅在于啤酒本身，更在于啤酒之外，它已经成为一种文化符号，渗透于青岛这座城市的记忆之中。青岛啤酒博物馆的建立使得作为青岛啤酒发源处的青岛啤酒厂早期建筑，以国家重点文物保护单位的形式被保护下来，并发展成为适应当代需要的工业遗产，也让历史遗迹再度鲜活起来。

在此，要感谢南京出版社给予我们这个机会，让此书可以顺利出版，同时也深深感谢在史料收集过程中给予我们帮助的公司领导、老员工，他们知无不言、言无不尽，为我们的故事增添了色彩。